HERRSCHER
HÖFE
HINTERGRÜNDE

Herausgegeben von
Manfred Kossok

AM HOFE
WILHELMS VON ORANIEN

KLAUS VETTER

AM HOFE WILHELMS VON ORANIEN

EDITION LEIPZIG

Frontispiz:
Wilhelm von Oranien in reifen Jahren.
Kupferstich von Willem Jacobsz Delff
nach Adriaen Pietersz van de Verne, 1623.
Staatliche Kunstsammlungen Dresden,
Kupferstich-Kabinett

Vetter, Klaus:
Am Hofe Wilhelms von Oranien. – [Leipzig]:
Edition Leipzig, 1990. – 163 S.: 94 Ill.
(z.T. farb.)
(Herrscher, Höfe, Hintergründe)
ISBN 3-361-00318-0

Lizenznummer: 600/39/90
Gestaltung: Matthias Dittmann
Karte: Matthias Weis
Lektor: Christina Müller
Gesamtherstellung: Druckerei Fortschritt Erfurt
Printed in the German Democratic Republic
ISBN: 3-361-00318-0

INHALT

VORWORT

Anfang April des Jahres 1567 trafen sich in dem Dorf Willebroek in der Nähe von Mecheln zwei der angesehensten und begütertsten niederländischen Adligen zu einem Gespräch: Lamoral, Graf von Egmont, und Wilhelm von Oranien. Beide waren seit langem miteinander befreundet, und beide stellten zusammen mit Philippe de Montmorency, Graf von Horn, die anerkannten Führer der Oppositionsbewegung des niederländischen Hochadels gegen die absolutistischen Zentralisationsbestrebungen Philipps II. von Spanien, Landesherr der Niederlande, dar. Jeder der Herren versuchte vergeblich, den anderen von der eigenen Meinung zu überzeugen. Egmont beschwor den Oranier, den politischen Kampf gegen den Landesherrn aufzugeben. Oranien bat den Freund, sich ihm anzuschließen und vor dem drohenden Einmarsch eines spanischen Heeres unter Herzog Alba zu fliehen. Nach seiner Meinung kam es darauf an, zunächst das eigene Leben zu retten. Dann müsse man den Kampf um die Privilegien und das politische Mitspracherecht des niederländischen Adels fortsetzen, notfalls mit militärischen Mitteln. Nach dem Scheitern des Einigungsversuchs nahmen beide Herren Abschied – es wurde ein Abschied für immer. Dabei soll Egmont gesagt haben: »Lebe wohl, Fürst ohne Land!«; worauf ihm Oranien entgegnete: »Lebe wohl, Graf ohne Kopf!«.

Abschied von Willebroek

Lebe wohl, Fürst ohne Land

Lebe wohl, Graf ohne Kopf

Diese anekdotenhafte Überlieferung der Abschiedsszene nimmt das spätere Geschehen vorweg: Egmont wurde nach dem Einmarsch Albas zusammen mit Horn im September 1567 verhaftet und am 5. Juni 1568 auf dem Großen Markt von Brüssel enthauptet. Oranien ging am 22. April 1567 in das Exil an den Hof seines nächstgeborenen Bruders, des Grafen Johann von Nassau-Dillenburg. Damit begann ein völlig neuer Abschnitt im Leben des Oraniers. Bis dahin war er ein politisch einflußreicher niederländischer Hochadliger mit einer glänzenden Hofhaltung. Nun gerieten seine reichen Besitzungen in die Hände seiner politischen Gegner, und er konnte aus ihnen keine Einkünfte mehr beziehen. Über seine Stellung als Haupt der Adelsrebellion gegen Philipp II. hinaus entwickelte sich Oranien in den folgenden Jahren zu einer führenden Persönlichkeit der niederländischen frühbürgerlichen Revolution von 1566 bis 1588.

Oraniens Hofhaltung ist nicht mit der eines Kaisers, Königs oder deutschen Kurfürsten gleichzusetzen. Zwar stellte er als Prinz von Orange einen souveränen Fürsten dar, doch das

Fürstentum hat er niemals betreten. Als niederländischer Hochadliger war er Vasall seiner Landesherren, Kaiser Karls V. und Philipps II. von Spanien. Der Hof Oraniens bildete nicht das Zentrum der großen europäischen Politik, doch Interesse verdient er aus zweierlei Gründen. Zum einen geben die Einblicke in das Geschehen am Hofe bis zum Frühjahr 1567 Aufschlüsse über die Lebensumstände einer führenden Persönlichkeit der niederländischen frühbürgerlichen Revolution; zum anderen wird ein Teil des »Alltagslebens« des europäischen Adels in der Mitte des 16. Jahrhunderts vorgestellt. Es soll gezeigt werden, wie sich der Adel vergnügte, was und wie er aß und trank, wie er sich kleidete und wie er liebte – aber auch, wie am Hofe eines Hochadligen Politik gemacht wurde.

Mit dem Weg in das Exil endete die feudale Hofhaltung Wilhelms von Oranien. Zunächst völlig auf die Unterstützung seiner Dillenburger Familienangehörigen angewiesen, erhielt er später als Statthalter der revolutionären niederländischen Nordprovinzen zwar finanzielle Zuwendungen, mit denen er die Kosten für eine im Sinne der Zeit durchaus gehobene Lebensführung seiner Familie bestreiten konnte, die ihm aber nie mehr eine glanzvolle Hofhaltung ermöglichten.

VOM GRAFENSOHN ZUM FÜRSTEN VON ORANIEN

IN DER NACHT VOM 24. ZUM 25. APRIL DES JAHRES 1533 WURDE DEM GRAFEN WILHELM VON NASSAU-DILLENBURG VON SEINER FRAU JULIANA VON STOLBERG-WERNIGERODE DER ERSTE SOHN WILHELM GEBOREN.

Die Erziehung des Knaben war darauf gerichtet, ihn auf die Regierung eines der kleinsten feudalen Territorialstaaten des Heiligen Römischen Reiches Deutscher Nation vorzubereiten. Doch die vorgezeichnete Entwicklung des Erbsohnes von Nassau-Dillenburg erfuhr in dessen zehntem Lebensjahr eine jähe Wende.

Die politische Geschichte Westeuropas in der ersten Hälfte des 16. Jahrhunderts wurde durch die Kriege zwischen Kaiser Karl V. und König Franz I. von Frankreich um die Vormachtstellung bestimmt. Ein Kanonenschuß in einer der Schlachten sollte entscheidenden Einfluß auf das Schicksal des jungen Wilhelm von Nassau haben. An der Spitze eines starken und gut ausgerüsteten Heeres war der Kaiser im Juni 1544 in die Champagne eingefallen. Als einer seiner Generäle zog René von Nassau, Fürst von Oranien, mit ihm, der, selbst ohne männliche Nachkommen, seinen Neffen Wilhelm von Nassau vor Beginn des Feldzuges vorsorglich zu seinem Erben eingesetzt hatte.

Der Tod des René von Chalon

Am 8. Juli kam das kaiserliche Heer nach St. Dizier an der Marne und begann, nach einem mißlungenen Sturmangriff, mit der Belagerung der Stadt. René von Nassau hatte den Auftrag, eine vorgeschobene französische Stellung einzunehmen. Am 17. Juli begab er sich in einen vorderen Laufgraben, um sich mit der Situation vertraut zu machen. Bei diesem Erkundungsgang zerschmetterte ihm eine Kanonenkugel die Schulter. Der tödlich Verwundete wurde in sein Zelt getragen, wo ihm Karl V. Trost zusprach und unter Tränen von ihm Abschied nahm. Unter furchtbaren Qualen starb René von Nassau am 21. Juli 1544. Wilhelm von Nassau konnte seine Erbschaft antreten, durch die er zu einem der begütertsten niederländischen Hochadligen und zum Fürsten des im Südosten des heutigen Frankreich gelegenen Orange aufstieg.

Der niederländische Besitz der Nassauer

Das Geschlecht Nassau-Dillenburg hatte bereits zu Beginn des 15. Jahrhunderts in den Niederlanden festen Fuß gefaßt, als Graf Engelbrecht I. im Jahre 1403 Johanna von Polanen heiratete. Er erwarb damit in Brabant die Herrschaft Breda mit den Städten und Flecken Rozendaal, Oosterhout, Steenbergen, Teteringen und zahlreichen kleineren Ansiedlungen, die Herrlichkeit Rumpt, Schloß und Stadt Sichem, die Herrlichkeiten Grimbergen, Assche, Gageldonk, Meerhout, Vorst und Halde, das Dorf Zundert, den Hof Weyenberge und etwas Land

René von Chalon, Graf von Nassau, Prinz von Oranien.
Anonymer Holzschnitt, 1543.
Rijksmuseum, Prentenkabinet, Amsterdam

zu Wolmessen; in Holland die Stadt und Herrlichkeit Gertruydenberg sowie die Herrschaften Niervart und Klundert; in Utrecht die Herrschaft Leck. Von seiner Großmutter Elisabeth, die eine geborene Gräfin von Vianden war, fiel eine weitere reiche Erbschaft an Engelbrecht I.: die in Luxemburg gelegene Grafschaft Vianden mit Stadt und Schloß Vianden und über 40 Ortschaften, die ebenfalls zu Luxemburg gehörenden Herrschaften St. Vith, Butgenbach und Dasburg mit zusammen über 80 Dörfern sowie die Herrschaft Herstal in Brabant.

Engelbrechts Sohn Johann IV. erließ 1472 eine Erbfolgeordnung für das Haus Nassau-Dillenburg. Sein ältester Sohn Engelbrecht II. erhielt die Besitzungen in den Niederlanden, der jüngere Johann V. das Nassauer Stammland. Es galt nur die männliche Erbfolge, und beim Aussterben einer Linie im Mannesstamm sollte deren Besitz an die überlebende Linie fallen. Dieser Erbfall trat 1504 ein, als Engelbrecht II. kinderlos starb. Johann V., der seinen Bruder um zwölf Jahre überlebte, vereinte nun noch einmal den Gesamtbesitz. Nach dem Tode Johanns V. erfolgte wieder eine Erbteilung nach der Ordnung von 1472. Der niederländische Besitz fiel an Johanns ältesten Sohn Heinrich III., das Nassauer Stammland an seinen zweiten Sohn Wilhelm, den Vater Wilhelms von Oranien.

Das Fürstentum Orange

Das Fürstentum Orange lag nördlich von Avignon am westlichen Ufer der Rhone zwischen deren Nebenflüssen Aygues und Ouvèze. Neben der Hauptstadt gleichen Namens, die ihre Wurzeln im römischen Arausio hatte, gehörten dazu die Kleinstädte Courthézon, Joncquières, Gigondas und Vacqueyras sowie etwa 500 kleinere Ansiedlungen, Schlösser und Einzelgehöfte. Dieses Territorium, das ursprünglich eine Grafschaft des Heiligen Römischen Reiches war, hatte Kaiser Friedrich I., Barbarossa, im Jahre 1178 zum Fürstentum erhoben. Zu Beginn des 14. Jahrhunderts geriet Orange in Lehnsabhängigkeit von den französischen Königen. Im Jahre 1393 starb das in Orange herrschende Geschlecht der Baux aus, und das Fürstentum fiel an das Haus Chalon, das sowohl im französischen Herzogtum Burgund als auch in der zum Reich gehörenden Freigrafschaft Burgund ansässig war. Das Haus Chalon erhielt im 15. Jahrhundert wieder die volle Souveränität über Orange. Die Fürsten von Oranien (so der deutsche Name, der niederländische lautet Oranje) waren damit rechtlich jedem europäischen Monarchen gleichgestellt.

Am 3. August 1530 starb mit Philibert von Chalon der letzte männliche Sproß seines Geschlechts. Philiberts Schwester Claudia war mit Heinrich III. von Nassau verheiratet und hatte mit ihm einen Sohn, den uns schon bekannten René von Nassau. Schon 1520 hatte Philibert von Nassau in seinem Testament seine Schwester Claudia und nach deren Tod seinen Neffen René als Erben bestimmt. Claudia starb 1521. Auf diese Weise fielen Orange und der Besitz des Hauses Chalon an die Nassauer.

Das oranische Erbe erwies sich als sehr unsicher, denn bei dem zwischen 1542 und 1559 fast ununterbrochen andauernden Krieg Karls V. und Philipps II. gegen Frankreich befand es sich in der Hand der Könige von Frankreich, und Wilhelm von Oranien mußte auf die Einkünfte aus diesen Ländereien verzichten. Um so höher war die politische Bedeutung des oranischen Erbes. Als Fürst von Oranien war Wilhelm keiner anderen Herrschaft unterworfen. Aus dieser Stellung leitete er später übrigens das Recht ab, Krieg gegen den spanischen König führen zu können.

Die Mitgift der Anna von Buren

Von weitaus größerer materieller Bedeutung sollte fur Wilhelm der niederländische Teil der Erbschaft werden. Diese Ländermasse erfuhr im

Schaumünze mit den Porträts der Maria von Burgund und Maximilians von Habsburg aus dem Jahre 1479. Staatliche Museen zu Berlin, Münzkabinett

Jahre 1551 durch die Eheschließung Wilhelms mit Anna von Buren, dem einzigen Kind des 1548 verstorbenen Grafen Maximilian Egmont von Buren, noch eine Erweiterung, und zwar durch die Grafschaft Buren sowie die Herrschaften Ijsselstein, Leerdam, Acquoy, Cranendonk, Eindhoven und St. Maartensdijk. Oraniens Einkünfte aus den niederländischen Besitzungen betrugen etwa zwei Drittel der Einnahmen König Philipps II. aus seinen niederländischen Domänen. Insgesamt wurde der Wert aller Besitzungen Wilhelms von Oranien auf etwa vier Millionen Gulden veranschlagt – eine für die Zeit fast unvorstellbare Summe. Seine jährlichen Einnahmen beliefen sich auf 200 000 Gulden.

Sein niederländischer Besitz machte Wilhelm von Oranien zum Lehnsmann des Herzogs von Brabant, des Grafen von Holland und des Herzogs von Luxemburg. Alle drei Titel führte Kaiser Karl V., der auch der Landesherr der anderen niederländischen Territorien war.

Die Vereinigung der niederländischen Territorien in Personalunion unter einem Landesherrn erfolgte in einem langen Entwicklungsprozeß.

Entstehung der spanischen Herrschaft in den Niederlanden

Von der Mitte des 14. bis zur Mitte des 15. Jahrhunderts war es den Herzögen von Burgund gelungen, den größten Teil der niederländischen Territorien – etwa das heutige Gebiet Belgiens, Luxemburgs und der Niederlande – in ihren Besitz zu bringen. Als Herzog Karl der Kühne 1477 in einer Schlacht fiel, hinterließ er nur seine Tochter Maria, die eine Ehe mit Maximilian von Habsburg, dem Sohn Kaiser Friedrichs III., einging, der 1493 selbst Kaiser wurde. Aus dieser Ehe gingen zwei Kinder hervor, Philipp, genannt der Schöne, und Margarete, die beide mit Kindern des spanischen Königspaares verheiratet wurden. Die Ehe des spanischen Kronprinzen Johann mit Margarete blieb kinderlos, und Johann verstarb früh. Dagegen war die Ehe Philipps des Schönen mit der spanischen Prinzessin Johanna reich mit Kindern gesegnet. Als Philipp 1506 starb, fielen die Niederlande an seinen im Jahre 1500 erstgeborenen Sohn Karl. Nach dem Tode von König Ferdinand, seinem Großvater mütterlicherseits, wurde er als Karl I. 1516 König von Spanien und nach dem Tode Kaiser Maximilians, seines Großvaters väterlicherseits, erkoren ihn die Kurfürsten als Karl V. zum Kaiser des Heiligen Römischen Reiches Deutscher Nation. Als Karl sich 1555 entschloß, von der Politik zurückzutreten, erhielt sein Sohn Philipp als Philipp II. die spanische Königswürde und die Herrschaft über die Niederlande. Durch diese dynastischen Beziehungen entstand die spanische Landesherrschaft über die Niederlande.

Weltbild Oraniens

Um sein oranisches und niederländisches Erbe antreten zu können, mußte Wilhelm zum Katholizismus übertreten und sein Elternhaus mit zwölf Jahren verlassen. Er wurde fortan in den Niederlanden erzogen und ausgebildet. Als Wilhelm von Oranien anläßlich seiner Heirat mit Anna von Buren 1551 für mündig erklärt wurde, hatte sich der ehemals etwas scheue Nassauer Grafensohn völlig im niederländischen Hochadel eingewöhnt. Als Herrscher über seine Untertanen und Gefolgsmann seines Lehnsherrn besaß er ein festes Weltbild, nach dem die Einteilung in Herrscher und Beherrschte eine gottgewollte Ordnung darstellte. Er war stolz und froh, zu den Herrschenden zu gehören.

Oranien besaß alle Voraussetzungen für eine glänzende politische Karriere im Dienste Karls V. und seines Nachfolgers, obwohl er keine Universitätsausbildung erfahren hatte, und da er früh großes diplomatisches Talent erkennen ließ, schien es sicher zu sein, daß er zu höchsten Ämtern und Ehren aufsteigen würde. Doch es kam anders.

Opposition gegen Philipp II.

Die von König Philipp II. von Spanien nach dessen Machtantritt in den Niederlanden verstärkten Zentralisationsbestrebungen bedrohten das politische Mitspracherecht und andere Privilegien des niederländischen Hochadels und brachten diesen in Opposition zum Landesherrn. Oranien, als einer der Mächtigsten und Begabtesten in seinen Reihen, stand bald an der Spitze der Adelsopposition.

DAS KASTELL VON BREDA UND DER HOF VON NASSAU

ALS SOUVERÄNER FÜRST, BESITZER VON HERRSCHAFTEN UND HERRLICHKEITEN WAR WILHELM VON ORANIEN MIT HERRSCHAFTSRECHTEN ÜBER ANDERE MENSCHEN AUSGESTATTET UND DAMIT BEFUGT, HOF ZU HALTEN.

Funktion eines Hofes

Der Hof hatte die verschiedensten Funktionen zu erfüllen: Über ihn wurde das tägliche Leben des Herrschers und seiner Familie organisiert, für deren Nahrung, Kleidung, Zerstreuung und persönliche Sicherheit gesorgt. Durch Patronage und Klientel versuchte der Herrscher, sich über seinen Hof eine Parteigängerschaft zu sichern. Die zum Hof gehörenden Beamten erledigten die Regierungsgeschäfte und Verwaltungsaufgaben im Auftrag des Herrschers. Schließlich stellte auch die glänzende Hofhaltung mit Jagden, Festen und Gelagen durchaus nicht nur sinnlose Verschwendung dar, sondern sollte durch Demonstration von Macht und Reichtum die Untertanen, aber auch andere Fürsten beeindrucken.

Hauptwohnsitze

Wilhelm von Oranien hielt Hof in den traditionellen Hauptwohnsitzen des niederländischen Zweiges des Hauses Nassau-Dillenburg: im Kastell zu Breda und im Stadtschloß in Brüssel, dem Hof von Nassau. Gewöhnlich weilte Oranien in Breda. Im Hof von Nassau wohnte er, wenn ihn seine Verpflichtungen als Mitglied des Staatsrats, als Statthalter von Holland, Seeland und Utrecht, als Mitglied der Ständevertretung von Brabant oder als militärischer Befehlshaber nach Brüssel riefen.

Breda, der Mittelpunkt der gleichnamigen brabantischen Herrschaft, war die größte Stadt in Oraniens Besitzungen. In einer der ältesten deutschsprachigen Beschreibungen der Niederlande heißt es über die Stadt: »Ins gemein Bredaw / welche Stadt in Campania Brabantica, oder in der Kempen, 8 Meilen von Antorff[1] / 6 von Hertzogenbusch . . . und 20 von Brüssel / in einem guten ebnen fruchtbaren Korn- und Weinland / gelegen ist / auch umb sich her herliche Wälde hat . . . Es laufen zween Flüß in die Stadt / darunter der gröste die Merck heisset. Hat ein herrliche grosse Kirch / darinnen stattliche Monumenten des Hauses von Nassau zu sehen. Der Nassauische Palast ist prächtig / so mehrers ein Castell zu nennen / weil er mit Wällen und einem doppelten Wassergraben / auffs beste versehen / darin ein stattliches Zeughaus ist.«[2]

Kastell von Breda

Das Kastell von Breda wurde im 16. Jahrhundert als einer der prächtigsten Adelssitze im Europa nördlich der Alpen bewundert. Cornelius Ettenius, der den päpstlichen Nuntius Peter Vorstius in die Niederlande begleitete, schrieb in sein Reisetagebuch: »Kurzum, es ist die stärkste und zugleich die schönste Burg, die wir bis dahin in ganz Deutschland sahen[3]; wohl sahen

Sicht aus der Vogelschau auf Breda in der Provinz Nord-Brabant, 1687. Deutsche Staatsbibliothek, Berlin, Kartenabteilung

wir solche, die schöner waren, und auch solche, die stärker waren, zumal wenn sie auf Felsen erbaut waren; aber schöner und zugleich stärker sahen wir keine.«[4]

Baugeschichte

Eine Burg Breda fand erstmals im Jahre 1169 urkundliche Erwähnung. Johann von Polanen, der 1350 Stadt und Herrschaft gekauft hatte, ließ in der zweiten Hälfte des 14. Jahrhunderts die alte Wasserburg durch einen Anbau erweitern. Die Grafen von Nassau modernisierten diesen Geländekomplex im 15. Jahrhundert dann ständig weiter. Anfang des 16. Jahrhunderts wurden neue Nebengebäude errichtet, darunter auch ein Wohnturm, in dem 1508 und 1517 Kaiser Maximilian I., 1515 der spätere Kaiser Karl V. logierten. Wilhelm von Oranien wählte ihn zu seinem bevorzugten Aufenthaltsort, wenn er in Breda weilte.

Um 1536 begann unter Heinrich III. ein völliger Neubau des Kastells, mit dem der Graf den in den Niederlanden lebenden und wirkenden Baumeister Thomas Vincitore von Bologna beauftragt hatte. René von Chalon ließ nach dem Tode seines Vaters die Bauarbeiten fortsetzen, die dann aber unter Wilhelm von Oranien ins Stocken gerieten und erst im 17. Jahrhundert zum Abschluß kamen. Durch den Neubau verlor das Kastell sein etwas düsteres Aussehen und erhielt den Charakter eines Renaissanceschlosses. Zugleich aber wurde seine Befestigung erheblich verstärkt: Breite Wassergräben und sehr starke Wälle mit fünf Bollwerken machten das Kastell zu einem schwer einnehmbaren Komplex. Innerhalb dieses Befestigungsgürtels lag das Schloß, um dessen Binnenhof eine dorische Säulenhalle lief. Neben dem Schloß befand sich

Wilhelm von Oranien im Alter von 33 Jahren in spanischer Tracht mit Brustharnisch. Oben links im Bild ist der Eingang zum Kastell von Breda zu sehen, rechts sein Wappen, umgeben von der Ordenskette der Ritter vom Goldenen Vlies, und sein Wahlspruch »Je maintiendrai« (Ich werde aufrechterhalten). Kupferstich von Abraham de Bruyn. Rijksmuseum, Amsterdam

Das Kastell von Breda.
Detail eines Stiches von Bartolomeus Dolendo, um 1590. Atlas van Stolk, Rotterdam

eine Parkanlage, der sogenannte Hof von Valkkenburg.

Begräbniskirche

Heinrich III. veranlaßte auch die weitere Ausgestaltung der Liebfrauenkirche, der Hauptkirche von Breda. Dieser vor 1290 begonnene gotische Bau war unter Engelbrecht I. erweitert und mit einem Chor versehen worden. In dieser Kirche ließ er sich, wie später auch seine Nachfolger Johann IV., Engelbrecht II., Heinrich III. und René, beisetzen.

Brüssel – politisches Zentrum der Niederlande

Lag das Kastell Breda in ländlicher Abgeschiedenheit am Rande einer kleinen Stadt, so befand sich der Hof von Nassau im politischen Zentrum der Niederlande. Brüssel, das zunächst Löwen den Rang der Hauptstadt des Herzogtums Brabant abgelaufen hatte, war zur bevorzugten Residenz der Herzöge von Burgund geworden. In Brüssel residierten im 16. Jahrhundert die Generalstatthalter Karls V. und Philipps II., hier befanden sich die wichtigsten zentralen Behörden, die 1531 gebildet worden waren: der Staatsrat zur Beratung der Generalstatthalter in innen- und außenpolitischen Angelegenheiten, der Finanzrat und der Geheime Rat, der zur Überwachung der gesetzgeberischen Tätigkeit diente. Hier verkehrten die ausländischen Gesandten.

Aber Brüssel war auch eine große Handelsstadt mit nicht unbedeutender gewerblicher Produktion. In der von Georg Braun und Franz Hogenberg herausgegebenen Beschreibung und Abbildung wichtiger Städte der Welt findet sich eine plastische Beschreibung Brüssels, in der es unter anderem heißt: »Und weil diese Stadt der immerwerenden Brunquellen/frölicher Berge/ auch gesunder lufft halben/gar lustig und herlich/ daher kompts das sie des Königs Hoff und Sitz ist. Dero halben dieselbe auch vieler Edler und durchleuchtiger leut heusen und Palasten in sich begreifft . . . Auff dem Marckt stehet ein oberalts Burgerhaus[5]/ so mit grossen kösten erbauet/ inwendig mit kunstreichen gemaleten Taffeln/ und eim hohen Thurm/ von natürlichen steinen/ verzieret. Alhie sein sieben herrlicher Kirchen/ deren S. Gudulae die grösseste . . . Das Königliche Pallast/so mit einer Capell auff der höhe gelegen/und von Keyser Carll dem V. auffgericht/

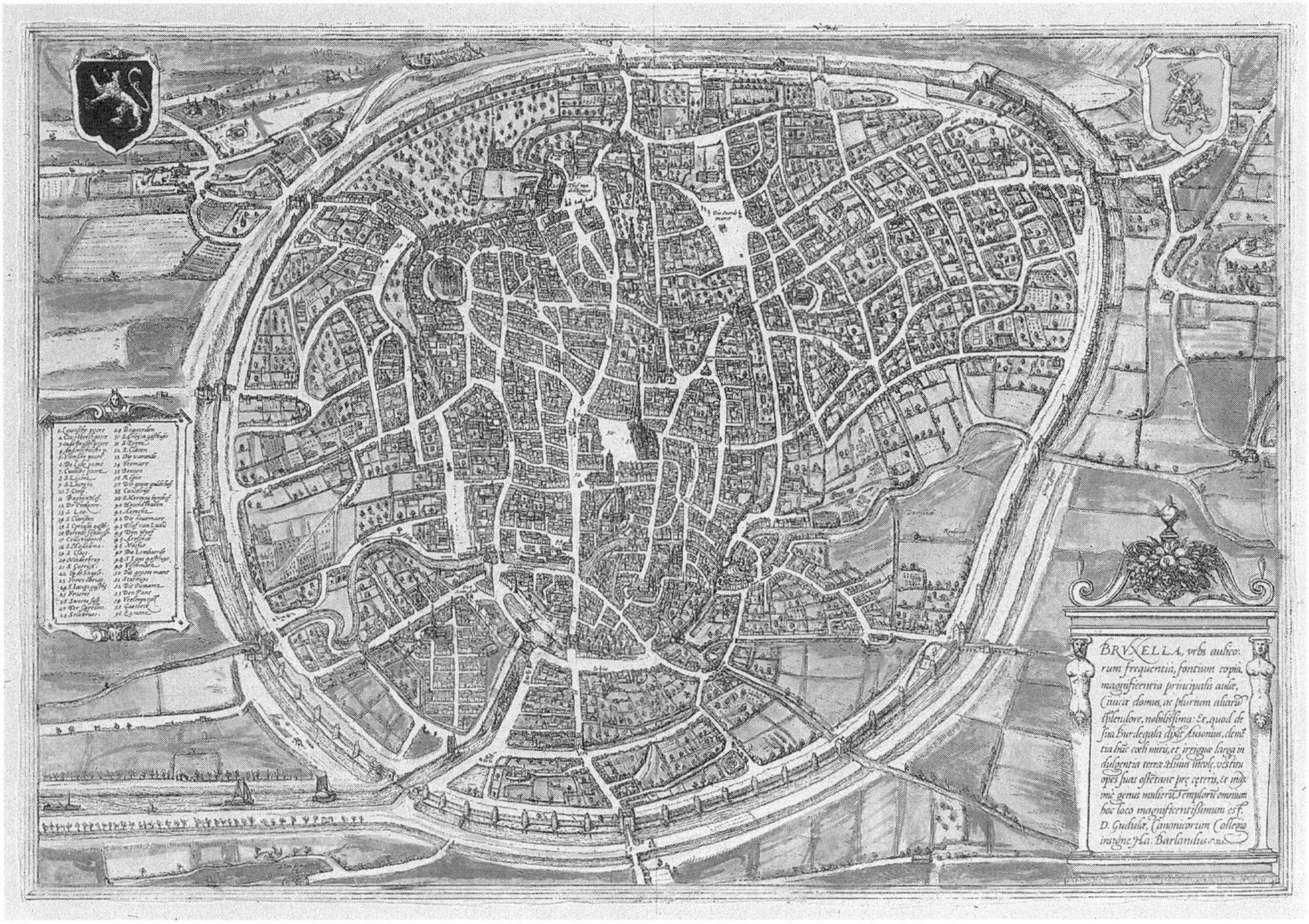

Plan von Brüssel.
Aus: Georg Braun und Franz Hogenberg, Beschreibung und Contrafactur . . .,
Cölln 1575, Band 1, Plan 15. Deutsche Staatsbibliothek, Berlin, Kartenabteilung

ist der Stadt nit eine geringe zier/alda die Heern vom gülden Flüß[6] und Consistorii oder Raths mit dem durchleuchtigsten Gubernatorn[7]/von gemeinsamen sachen zu rathschlagen/zusammen treten.«[8]

Der Hof von Nassau

Der Ursprung des Brüsseler Stadtschlosses Wilhelms von Oranien geht in das 14. Jahrhundert zurück. Willem van Duvenvoorde, ein unehelicher Sproß des niederländischen Adelsgeschlechts der van Wassenaer, war durch seine geschickten Finanzmanipulationen zu großem Reichtum gelangt. Zwischen 1342 und 1345 ließ er sich auf einem über der Brüsseler Altstadt gelegenen Hügel, dem sogenannten Koudenberg, ein prächtiges Haus bauen. Nach seinem Tode fiel dieses Haus als Erbschaft an seinen

Der Hof von Brabant, die Residenz der Herzöge von Burgund in Brüssel, dem politischen Zentrum der Niederlande im 16. Jahrhundert. Zeitgenössischer Stich. Bibliothèque Royale, Brüssel

Cousin Johann von Polanen und gelangte mit dem Erbgut der Polanen zu Beginn des 15. Jahrhunderts an Engelbrecht I. von Nassau. Engelbrecht II. ließ das alte Haus abreißen und begann 1480 mit einem Neubau, der bei seinem Tode 1504 noch nicht vollendet war. Graf Heinrich III. führte den Bau fort und ließ zwischen 1509 und 1525 noch einige Anbauten errichten. Nach dem Tode Renés von Chalon erhielt dessen Witwe Anna von Lothringen das Gebäude als Wohnsitz. Oranien bewohnte das Stadtschloß seit 1555 und kaufte es bald der Witwe ab.

Vom Hof von Nassau sind heute nur noch die Kapelle und einige Mauerreste erhalten, die in den modernen Gebäudekomplex der Académie des Beaux-Arts eingebaut wurden. Im 16. Jahrhundert galt das in der Nähe des landesherrlichen Palastes gelegene Stadtschloß lange Zeit als das schönste Gebäude Brüssels. Es war im Stil der flämischen Renaissance errichtet, mit steilaufragenden Dächern und zinnengekrönten Türmen. Die Innenräume zierten reiche Schnitzereien, kunstvolle Täfelungen und Gemälde bekannter Maler, so hing hier das berühmte Triptychon von Hieronymus Bosch »Garten der Lüste«, das nach Oraniens Flucht 1567 konfisziert wurde und in habsburgischen Besitz gelangte. Heute gehört es zu den Schätzen des Escorial.

Dürer über den Hof von Nassau

In den Höfen befanden sich kunstreich konstruierte Brunnen, aus denen bei Festen Wein sprudelte. Kaum ein gebildeter Besucher Brüssels unterließ es, den Hof von Nassau zu besichtigen, und mancher schrieb seine Eindrücke im Reisetagebuch nieder. Albrecht Dürer unternahm im Jahre 1520 eine Reise durch die Niederlande, während der er, von Antwerpen über Mecheln kommend, am Mittag des 27. August in Brüssel eintraf. In seinen Notizen über den Aufenthalt in dieser Stadt, die ihn sehr beeindruckte, können wir lesen: »Ich bin auch in des von Nassau Haus gewest, da so köstlich gebaut und also schön geziert ist . . ., do hab ich gesehen das gut Gemäl in der Kapellen, das Meister Hugo (van der Goes) gemacht hat. Und hab gesehen die zween hübschen grossen Saal und alle Köstlichkeiten in dem Haus allenthalben, auch das gross Bett, do 50 Menschen mügen innen liegen.[9] Und ich hab auch den grossen Stein (Meteoriten) gesehen, den das Wetter neben dem Herrn von Nassau in dem Feld hat niedergeschlagen. Die Haus leit hoch, daraus ist das schönst Aussehen, darob sich zu verwundern ist. Und ich glaub nit, dass in allen teutschen landen desgleichen sei.«[10]

Der Schweizer Thomas Platter begab sich zwischen 1595 und 1600 auf eine Bildungsreise durch West- und Südeuropa, auf der er im August 1599 in die südlichen Niederlande kam. Nach einer ausführlichen Beschreibung des landesherrlichen Palastes notierte er in seinem Reisetagebuch: »Neben obgemeltem königs hoff ist der graven von Nassouw hoff, welcher auch groß und sehr stattlich erbauwen; ist inwendig auch ein weiter vorhoff unndt hatt sehr viel gemach, auch ein mechtig hohen thurm.«[11] Neben dem Hof von Nassau besaß Oranien in Brüssel und in Mecheln noch je ein kleineres Haus.

Als der junge Prinz von Oranien in die Niederlande kam, um seine Erbschaft anzutreten – wahrscheinlich im Frühjahr 1545 –, wurde er von zwei etwa gleichaltrigen jungen Adligen begleitet, Söhnen der den Nassauern benachbarten Grafen von Isenburg und Westerburg, die ihm als Gefährten dienen und mit ihm erzogen werden sollten. Wilhelm nahm seinen ersten Wohnsitz im Kastell zu Breda und erhielt einen eigenen kleinen Hofstaat, der unter Leitung der ihm von Karl V. bestimmten Erzieher stand. Zunächst trug diese Verantwortung Claude de Bouton, ab 1549 bis zu Oraniens Volljährigkeitserklärung Jérôme Perrenot, Herr von Champigney, ein jüngerer Bruder des beim Kaiser sehr einflußreichen Bischofs Granvelle von Arras, des nachmaligen Kardinals und Hauptinteressenvertreters Philipps II. in den Niederlanden.

Der erste Hofstaat Oraniens

Außer den beiden deutschen Grafensöhnen gehörten seinem Hofstaat sieben Personen an: ein Edelmann, ein Kammerdiener, ein Lakai, ein Page für die beiden Grafensöhne, ein Lehrer, ein Stallmeister, ein Pferdeknecht und ein Stalljunge. Im Stall wurden neun Pferde gehalten. Sicher gab es in Breda auch Küchenpersonal, Gärtner usw., doch darüber geben die Quellen keine Auskunft. Es ist lediglich bekannt, daß diese kleine Hofhaltung jährlich 3500 Gulden kostete.

Am Ende des Jahres 1548 wurde der Jüngling an den Hof der Generalstatthalterin Maria von

Le tresillustre et hault Prince Guiliaume/ par la grace de Dieu
Prince de Orenge etc. Auquel Dieu donne sa grace daccroistre en toutes vertus.

Dye doorluchtichste eñ hoochgeboren Prince Wilhem by der gra-
tien Gods Prince van Orengen etc. Den welcken God laet op groeyen in alle duechden.

Imprime en Anvers sur la rue de Lombaerts au Levrier blanch/ Par moy Jehan Liefrinck Tailleur de Figures.

Vorhergehende Seite:
1 Der junge Prinz von Oranien
zu Pferde mit Page und Diener.
Kolorierter Holzschnitt von Cornelis Anthoniszoon.
Rijksmuseum, Amsterdam, Prentenkabinet

2 Der Hof von Nassau,
Palais des Prinzen Wilhelm von Oranien in Brüssel.
Gemälde von Wilhelm van Schoor, 1654.
Musées Royaux des Beaux-Arts de Belgique, Brüssel

3 Goldmünze Karls V. (Réal d'or), geprägt in Brügge zwischen 1551 und 1556. Staatliche Museen zu Berlin, Münzkabinett

4 Silbermünze Karls V. (Karolus d'argent), geprägt in Antwerpen (o. J.). Staatliche Museen zu Berlin, Münzkabinett

*5 Kaiser Karl V. mit seiner Ulmer Dogge.
Als König Karl I. regierte er Spanien seit 1516
und war Landesherr der Niederlande bereits seit 1506.
In seiner Stellung als Lehnsherr Wilhelms von Oranien
bemühte er sich sehr um dessen Förderung.
Gemälde von Jakob Seisenegger.
Kunsthistorisches Museum, Wien, Gemäldegalerie*

6 Der Garten der Lüste.
Das Triptychon wurde wahrscheinlich von Graf Heinrich III. von Nassau erworben und hing bis zu Oraniens Flucht 1567 im Hof von Nassau zu Brüssel. Mit den anderen durch Philipp II. beschlagnahmten Gütern Oraniens gelangte das Bild in den Escorial.
Gemälde von Hieronymus Bosch, um 1500. Escorial

7 Philipp II.
Nach dem Rücktritt seines Vaters, Karl V.,
regierte er seit 1555 als Landesherr der Niederlande
und seit 1556 als König von Spanien.
Kupferstich von Pieter van Gunst nach dem Gemälde von Adriaen van der Werff.
Staatliche Bücher- und Kupferstichsammlung, Greiz

8 Das herzogliche Palais von Brüssel in Flammen.
Gemälde von Theodoor Heil.
Musées Royaux des Beaux-Arts de Belgique, Brüssel

Der Hof von Nassau,
das Palais Wilhelms von Oranien in Brüssel.
Detail eines Stiches von Jan van de Velde.
Koninklijk Huisarchief, Den Haag

Ungarn, Schwester Karls V., gerufen, um dort in vornehmster Umgebung »höfisch« erzogen zu werden. Er weilte wiederholt für längere Zeit in Brüssel und nahm in ihrem Gefolge an zahlreichen Inspektionsreisen durch die niederländischen Territorien teil. Im März 1549 kam Philipp II. aus Spanien in die Niederlande, um sich als Nachfolger seines Vaters huldigen zu lassen. Maria ritt ihrem Neffen am 30. März bis Tervueren entgegen. Am 1. April erlebte Wilhelm von Oranien den glanzvollen Einzug Philipps in Brüssel. Wochenlang folgte nun in den einzelnen Territorien ein Huldigungsakt dem anderen, verbunden mit ungeheurer Prachtentfaltung bei den Einzügen in die Städte, mit glänzenden Turnieren – an dem Turnier in Antwerpen hat sich Oranien nachweislich beteiligt – und mit Festtafeln, die zumeist in wilden Gelagen endeten. Am 21. September 1549 empfing Wilhelm selbst – als erst Sechzehnjähriger – in Breda den spanischen Thronfolger und gab am Tag darauf ein großes Festessen.

Am Hofe der Generalstatthalterin

Die Hofhaltung der Generalstatthalterin setzte die Etikette der burgundischen Herzöge fort, die seit der Mitte des 15. Jahrhunderts für die europäischen Höfe in ähnlicher Weise als Modell galt wie 200 Jahre später der Hof Ludwigs XIV. von Frankreich. Der heranwachsende Wilhelm von Oranien wurde von dem in Brüssel zur Schau gestellten Prunk, von den glänzenden Hoffesten und Turnieren sowie von den wilden Jagden durch die Wälder Brabants tief beeindruckt. Vielleicht hatte er auch schon bemerkt, daß bei Hofe nicht nur gepraßt wurde, sondern daß neben dem Eß- und Trinkvergnügen, pikanten Liebesabenteuern und den Jagdgesellschaften immer auch ernste politische Gespräche geführt wurden und sich gerade das Hofleben zum Anknüpfen wichtiger politischer und privater Kontakte als besonders geeignet erwies.

Volljährig geworden, setzte Wilhelm von Oranien seinen ganzen Ehrgeiz daran, einen Hofstaat vorzuweisen und ein Hofleben zu führen, das hinter dem von Königen kaum zurückstand und die Höfe der meisten Fürsten des Reiches in den Schatten stellte. Nachahmenswertes Vorbild für ihn bildete die Hofhaltung der burgundischen Herzöge und die ihrer habsburgischen Nachfolger, die er in Brüssel kennengelernt hatte.

Der Hof des Fürsten von Oranien

Anfang der fünfziger Jahre des 16. Jahrhunderts befanden sich am Hofe Oraniens etwa 160 Personen, darunter 24 adlige Herren und 18 Pagen, auch durchweg Adelssöhne. Die Hofhaltung, an deren Spitze zwei Hofmeister standen, gliederte sich in vier Funktionalbereiche: die Kammer zur persönlichen Versorgung des Fürsten, seiner Frau und seiner Kinder, die Küche, den Keller (verantwortlich für die Versorgung mit Getränken) und den Stall. Nach der Rangordnung ergab sich eine Dreigliederung: die adligen Hofleute (gentilshommes de la chambre et gentilshommes de la maison), höhere Funktionsträger (officiers) wie der Kaplan, Sekretäre, Jägermeister usw. und unteres Personal wie Kammerdiener, Köche, Küfner, Stallknechte, Waschfrauen.

Bald hatte sich Oranien den Ruf erworben, daß seine Feste und Empfänge fürstlicher seien als die am landesherrlichen Hof in Brüssel. Doch eine solche Hofhaltung verschlang riesige Summen Geldes, und trotz seiner hohen Einkünfte waren seine Schulden schon 1552 so gestiegen, daß er, wie er selber klagte, bei den Antwerpener Bankiers keinerlei Kredit mehr bekam. Oranien beauftragte seinen Rat mit einer genauen Untersuchung seiner finanziellen Situation und der Erarbeitung von Vorschlägen für Einsparungen.

Kosten der Hofhaltung

Der Rat berechnete in seinem 1554 gestellten Gutachten die jährlichen Kosten für die Hofhaltung mit 52 000 Gulden. Er empfahl eine Einschränkung, so daß sie nur noch 24 000 Gulden jährlich betragen sollte. Für Reisen, Kleidung, Reparaturen und Prozesse blieben dann noch 12 000 Gulden. Der Rat meinte freimütig, diese Summen seien ausreichend, wenn Oranien mehr Ordnung in seine Lebensführung und seine persönlichen Ausgaben bringen würde.

Sparmaßnahmen Oraniens

Anfangs schien es, als folgte Oranien den Empfehlungen: Allein vom Küchenpersonal entließ er auf einen Schlag 28 Mann, was übrigens bezeichnende Rückschlüsse auf die Größe der Küche zuläßt. Doch bald vergaß er alle guten Vorsätze und strebte nach noch mehr Glanz und Genuß. Um 1560 erforderte seine Hofhaltung jährlich bereits 90 000 Gulden, seine Gesamtschuldenlast betrug 900 000 Gulden – eine für die Zeit fast unvorstellbar hohe Summe. Der Hofstaat war Anfang der sechziger Jahre auf 256 Personen angewachsen, darunter 23 Adlige, 26 Pagen, 26 Angehörige des Küchenpersonals, 17 Stallbedienstete, 8 Falkner, 7 Jäger, 3 Goldschmiede, 18 Hellebardiere als Leibwache, einige Schneider, Goldsticker usw.

Mit einem Schuß Selbstironie schrieb Wilhelm von Oranien 1564 an seinen jüngeren Bruder Ludwig von Nassau: »Mir scheint, wir sind von einer Art, die in der Jugend ein wenig schlecht haushält, aber wenn wir alt sind, werden wir es besser machen, wie es unser Vater getan hat.«[12]

PATRONAGE UND KLIENTEL

SELBST EIN KLIENT KARLS V. UND PHILIPPS II., VERSUCHTE WILHELM VON ORANIEN IN SEINEM HERRSCHAFTSBEREICH EIN PATRONAGESYSTEM AUFZUBAUEN, DAS IHM BEI DER REALISIERUNG SEINER INTERESSEN DIENEN SOLLTE.

Am 26. August 1551 schrieb Graf Wilhelm von Nassau an seinen achtzehnjährigen Sohn Wilhelm von Oranien: »Die gestrengen und erentvesten, meine gute gönner, her Conrad von Bemelberg, ritter etc., und Wolf von Velperg, geschweger, haben mir geschrieben, dasz itzgemelter Velperg einen son, der seins alters an die XIII jar, den wolt er gern von sich, das er bey rechtgeschaffen leuten erzogen und bekant wurde, thun, und wolten die bede denselbigen son bey niemant liber dan bey E. L. wissen, mich darumb gepetten, sie gegen E. L. zu fürbitten denselbigen jungen anzunemen. Dweil es dan soliche leuten, die E. L. und mir mit allem irem vermugen geneigt . . . die bede unss wol mit guter fürderung und hulf dienen konten, hab ich inen dysse fürbetliche schrifft nit abzuschlagen noch zu waigern gewust. Und lange denwegen an E. L. mein gantz freuntlichs bitten demselbigen jungen bei E. L. zu dienst anzunemen, ein anderen dafür beurlauben oder anzunemen abzuschlagen.«[13]

Dieser Brief ist in mehrfacher Hinsicht aufschlußreich. Zum einen verdeutlicht er, daß der Hof des jungen Oraniers schon kurz nach seinem Entstehen Anziehungskraft für deutsche Adelsfamilien besaß. Er läßt auch erkennen, daß die Beziehungen Wilhelms von Oranien zu seiner Familie trotz der langjährigen räumlichen Trennung, der erzwungenen Konvertierung und der Erziehung und Bildung des Heranwachsenden in dem sozialen, politischen und geistigen Milieu des niederländischen Hochadels nicht abgerissen waren. Schließlich gibt er Hinweise auf den Funktionsmechanismus des Patronage- und Klientelwesens im Feudalismus, das für die Fraktionsbildungen und politischen Auseinandersetzungen innerhalb der herrschenden Feudalklasse erhebliche Bedeutung besaß.

Definition der Patronage

Unter Patronage im engeren Sinne versteht man die gezielte Vergabe von einträglichen Posten in der Verwaltung, bei Hofe, im Heer oder in der kirchlichen Hierarchie durch dazu befugte feudale Machthaber an ihre willfährigen Günstlinge. Im weiteren Sinne kennzeichnet der Begriff Patronage »die Gesamtheit persönlicher Beziehungen zwischen höher und niedriger Gestellten, wobei die ersteren politische Unterstützung und die letzteren finanzielle Belohnung oder eine Karriere« erhofften.[14]

Als Lehnsmann Karls V. bzw. Philipps II. war Wilhelm von Oranien selbst ein »Klient«, wurde von Höherstehenden protegiert und damit in

Kaiser Karl V. mit der Ordenskette der Ritter vom Goldenen Vlies.

Philipp der Gute, Herzog von Burgund, Stifter des Ordens vom Goldenen Vlies.

Stiche aus: Emanuel van Meteren, Niederländischer Krieg.
Deutsche Staatsbibliothek, Berlin

ein Patronagesystem einbezogen. Sowohl der Kaiser als auch sein Sohn setzten in dieser Beziehung die Tradition der burgundischen Herzöge fort, die versucht hatten, aus »trotzigen und fehdelustigen Feudalbaronen . . . einen geschmeidigen und fügsamen, im ständigen Dienste des Monarchen verwendbaren Hofadel«[15] zu formen. Dies geschah durch die Vergabe ehrenvoller und einträglicher Ämter und militärischer Kommandostellen, durch Standeserhöhungen, durch die Vergabe von weltlichen und geistlichen Einkommensquellen, sogenannten Benefizien, durch die möglichst enge persönliche Bindung an den Herrscher, aber auch durch reine Geldzuwendungen.

So wurden, um den Ehrgeiz des Adels zu wekken und ihn für den fürstlichen Dienst zu begeistern, Günstlinge mit hohen Adelstiteln ausgezeichnet. Auf diese Weise entstand eine separate Gruppe, die »Großen«, die Seigneurs, die den niederländischen Hochadel bildeten, zu dem auch Wilhelm von Oranien gehörte. Eine besonders hohe Ehrung für die Adligen stellte die Aufnahme in den Orden vom Goldenen Vlies dar.

Der Orden vom Goldenen Vlies

Diesen Orden hatte Herzog Philipp der Gute im Jahre 1430 anläßlich seiner Hochzeit mit Isabella von Portugal gegründet und dem heiligen Andreas, dem Schutzheiligen des Hauses Burgund, geweiht. Ihm gehörten ursprünglich 24, später 30 Ritter an. Haupt des Ordens war der jeweils regierende Herzog von Burgund. Als Mitglieder wurden Angehörige der vornehmsten Adelsfamilien des burgundischen Herrschaftsgebietes aufgenommen, zuweilen auch benachbarte Fürsten. Der Orden sollte die führenden Adelsgeschlechter der nur in Personalunion zusammengefügten Territorien an den gemeinsamen Fürsten binden und so allmählich unter dem Hochadel ein gesamtburgundisches Zusammengehörigkeitsgefühl wecken, das den zentralistischen Bestrebungen diente. Auch die Habsburger gebrauchten nach Übernahme des burgundischen Erbes den Orden in diesem Sinne.

Die Ordensritter waren dem Landesherrn zu unbedingter Treue verpflichtet. Sie mußten tapfer im Kampf sein und ihre ritterliche Ehre reinhalten. Dafür genossen sie eine Reihe besonderer Vorrechte. Sie durften dem Ordenshaupt gebeten und ungebeten Rat erteilen, sowohl in persönlichen Dingen als auch in Regierungsangelegenheiten. Sie besaßen ein Vorzugsrecht bei der Einsetzung von Statthaltern, auf die Mitgliedschaft in den fürstlichen Räten und auf höchste Kommandostellen in der Armee. Bei Rechtsverletzungen unterstanden die Ordensritter nur dem Urteilsspruch des Ordens und durften vor kein anderes Gericht gestellt werden.

Oranien als Klient

Von frühester Jugend an hatten Kaiser Karl V. und dessen Generalstatthalterin in den Niederlanden, Maria von Ungarn, Wilhelm von Oranien in das Patronagesystem einbezogen. Das große Interesse Karls und seiner Schwester an der persönlichen Entwicklung des Prinzen war sicher auch durch die traditionellen Bindungen des niederländischen Zweiges der Nassauer an die Habsburger begründet – bereits für Heinrich III. und René von Chalon hegte Karl V. freundschaftliche Gefühle. Doch vor allem sollte der Heranwachsende ein treuer Gefolgsmann werden. Nach seiner Volljährigkeit gehörte Wilhelm von Oranien zu den bevorzugten Günstlingen des Kaisers. Als Karl V. im Frühjahr 1552 seinen fünften Krieg gegen Frankreich begann, wurde der gerade Neunzehnjährige mit dem Kommando eines Regiments Fußvolk von zehn Fähnlein beauftragt. Ohne sich als Befehlshaber besonders auszuzeichnen, nahm Oranien an den mit wechselndem Erfolg geführten Feldzügen der Jahre 1552 bis 1555 teil. Daher war es offenkundig Protektion durch den Kaiser, daß er am 22. Juli 1555 unter Übergehung weit befähigterer und erfahrenerer Feldherren – wie Graf Egmont, Graf Lalaing und Graf Aremberg – zum Oberbefehlshaber der kurz zuvor aufgestellten Maasarmee ernannt wurde.

Protektion Oraniens durch Karl V.

Wenige Monate später erfuhr Oranien erneut eine hohe Ehrung. Karl V. übertrug am 25. Oktober 1555 in einer feierlichen Zeremonie in der Großen Halle des Palastes der Herzöge von Brabant in Brüssel die Herrschaft über die Niederlande seinem Sohn Philipp. Der gichtkranke Kaiser trat, auf die Schulter Wilhelms von Oranien gestützt, vor die versammelten Generalstaaten und höchsten Würdenträger und demonstrierte auf diese Weise das besondere Vertrauensverhältnis zu seinem Schützling. Auch Philipp II. verlieh Oranien hohe Auszeichnungen. Im November 1555 wurde er zum Mitglied des Staatsrates ernannt, im März 1556 in den Orden des Goldenen Vlieses aufgenommen und im August 1559 als Statthalter von Holland, Seeland und Utrecht eingesetzt.

Voller Eifer und Ehrgeiz widmete sich Oranien zunächst den ihm übertragenen Aufgaben und war glücklich, wenn er dafür Anerkennung erhielt. So schrieb er am 10. Juni 1552, nachdem ihm die Generalstatthalterin ihre Anerkennung für die gelungene Werbung von Truppen ausgesprochen hatte, stolz an seine erste Frau: »Ich habe gestern von der Königin Briefe empfangen, so angenehmen Inhalts, wie sie je in ihrem Leben irgendwem geschrieben hat. Sie hat mir ihre große Befriedigung über meinen Eifer ausgedrückt und mich gebeten, darin stets fortzufahren. Ich bitte den Schöpfer, mir seine Gnade zu verleihen, daß er mich in diesem guten Ansehen erhalte.«[16]

Die Motivation für diese Einsatzbereitschaft entsprang sicher zum einen seinem Bestreben, sich vor der Generalstatthalterin und dem Kaiser auszuzeichnen und sich so für hohe und höchste Ämter zu empfehlen. Dabei bildete ohne Frage die Aussicht auf ein einträgliches Einkommen ein lockendes Ziel, denn die luxuriöse Lebensführung, die rauschenden Feste und die prunkvollen Bauten verschlangen ungeheure Summen. Zum anderen spielten aber auch ideelle Motive eine Rolle. Oranien fand eine persönliche Erfüllung darin, seinen Verpflichtungen als Lehnsmann gerecht zu werden, wie er es aber auch als Selbstverständlichkeit ansah, von seinem Landesherrn in seinen Besitzungen und Privilegien geschützt zu werden.

Oranien als Patron

In diesem Sinne ein Klient Karls V. und Philipps II., versuchte Oranien andererseits, von ihm abhängige Klienten um sich zu scharen und ein Patronagesystem aufzubauen. Solange Oranien sich im Einklang mit dem Landesherrn befand, wollte er die Klienten zur Mehrung seines Ansehens und zur Beförderung seiner Karriere im Dienste des Landesherrn nutzen. Im Jahre 1559 aber kam es zwischen Philipp II. und niederländischen Hochadligen wegen der Verletzung ihrer Privilegien zu offenen Auseinandersetzungen, die zur Bildung einer Hochadelsopposition führten. Von diesem Zeitpunkt an sah Oranien darauf, sich durch die Patronage eine politische Parteigängerschaft gegen Philipp II. zu sichern, die ihm notfalls auch in den bewaffneten Kampf folgen würde. Dazu standen ihm verschiedene Wege offen: über seine Stellung als militärischer Befehlshaber und als Statthalter, über seine Rechte als Feudalherr und über seine Hofhaltung.

Militärische Karriere Oraniens

Die militärische Karriere Wilhelms von Oranien hatte im Juli 1551 begonnen, als er den Auftrag erhielt, eine Kompanie von 200 Reitern zu werben und zu formieren. Karl V. bereitete den 1552 beginnenden Krieg gegen Frankreich vor und stellte dafür ein Söldnerheer zusammen. Neben den Söldnern, die nur für einen Feldzug geworben und nach dessen Beendigung wieder entlassen wurden, gab es aber auch schon eine immer unter Waffen stehende Truppe. Den Kern dieses kleinen Heeres bildeten in den Niederlanden die sogenannten Ordonnanzbanden (niederl. benden van ordonnantie). Im Jahre 1555 gab es 15 solche Ordonnanzbanden, fünf zu 50 Lanzen, fünf zu 40 Lanzen und fünf zu 30 Lanzen. Eine Lanze bestand aus einem schwerbewaffneten Reiter (homme d'armes) und seinen Schildknappen und Pagen sowie zwei leichtbewaffneten Reitern, die archers (Bogenschützen) genannt wurden. Fast alle hommes d'armes und viele archers waren Adlige. Die Kapitäne der Banden kamen aus dem hohen Adel. Die Größe der befehligten Bande stellte eine Indikation für das Ansehen des Kommandanten dar.

Die Ordonnanzbanden

Die Ordonnanzbanden bildeten somit eine Art »nationales« niederländisches Heer. Es war verboten, andere als »natürliche«, das heißt in den Niederlanden ansässige, Untertanen und

Der Musketier.
Kupferstich von Jacob de Gheyn II nach Hendrick Goltzius.
Staatliche Galerie Dessau, Schloß Georgium

Vasallen des Fürsten in Dienst zu nehmen. Meistens kamen die Angehörigen einer Bande aus dem gleichen Territorium, wodurch der Zusammenhalt der Truppe gefördert wurde. Nach der Beendigung von Feldzügen und im Winter wurden die Banden nach Hause entlassen, blieben aber formell im Dienst und bekamen Sold.

Oranien erhielt 1553 seine Ernennung zum Kapitän einer Ordonnanzbande von 30 Lanzen. Dabei blieb ihm freigestellt, seine Einheit selbst auf die Stärke von 50 Lanzen zu bringen. Inzwischen waren aus berittenen Söldnern und Ordonnanzbanden Regimenter gebildet worden. Im Jahre 1554 avancierte Oranien zum Befehlshaber eines solchen Regiments, das aus seiner Ordonnanzbande, der von Heinrich von Brederode und drei berittenen Söldnertruppen unter deutschen Feldobersten bestand. Wie schon bekannt, erhielt Oranien 1555 den Oberbefehl über die gesamte Maasarmee. 1558 stieg er zum Oberbefehlshaber aller Ordonnanzbanden auf. Nach dem Frieden von Cateau-Cambrésis im Jahre 1559 waren die Ordonnanzbanden bis zur Niederschlagung des Bildersturmes 1566 nicht mehr aktiv. Mit seinen anderen hohen Ämtern legte Oranien aus Protest gegen die absolutistische Politik Philipps II. auch den Befehl über seine Ordonnanzbande nieder.

Es ist sehr wahrscheinlich, daß bei dem besonderen Charakter dieser militärischen Einheiten in den Ordonnanzbanden mehr als eine nur sachlich-militärische Verbindung zwischen den Kapitänen und ihren Reitern entstand. Die Zugehörigkeit zum Adel, die Herkunft aus dem gleichen Territorium, die gemeinsam erlebten Erfolge und Niederlagen, die erlittenen Strapazen und die im Kreise der Bande gefeierten Feste ließen ein Zusammengehörigkeitsgefühl, zuweilen auch Anhänglichkeit an den Kommandeur und persönliche Freundschaften entstehen. Es war den Kapitänen zwar verboten, Diener und Angestellte aus ihrem Hofstaat in ihre Bande aufzunehmen; doch dies galt nicht für Adlige, die sich an ihrem Hof aufhielten. Nachweislich befand sich der größte Teil von Oraniens Hofadel tatsächlich auch immer mit ihm zusammen im Feld, so daß es durchaus möglich ist, daß zumindest einige von ihnen in seiner Bande dienten. Auch die Tatsache, daß die Kapitäne ihre Leutnants und hommes d'armes weitgehend selbst aussuchen und bestimmen konnten, bot Möglichkeiten für den Aufbau von Patronageverhältnissen.

Aus all dem könnte man schließen, daß eine Ordonnanzbande eine Art Clan darstellte, unter allen Umständen zusammenhielt und gegenüber ihrem Kapitän unbedingte Gefolgschaft bewies. Diese Einschätzung hält den historischen Tatsachen jedoch nicht stand, wie das Beispiel Oraniens zeigt. Dieser sowie sein Bruder und treuer Parteigänger Ludwig von Nassau waren durchaus bemüht, in den Ordonnanzbanden einen militärischen Rückhalt für die sich verschärfenden Auseinandersetzungen mit Philipp II. zu schaffen, doch als Oranien im Frühjahr 1567 in das Exil gehen mußte, blieb seine Bande in den Niederlanden. Nur von einigen Angehörigen ist bekannt, daß sie sich noch nach Oraniens Flucht für ihren Patron eingesetzt haben, so seine beiden Leutnants Jan van Horne und Baron van Boxtel, außerdem Godard van Bockolt. Die meisten blieben im Dienste Philipps II. und haben später gegen ihren ehemaligen Patron gekämpft.

Als Statthalter von Holland, Seeland und Utrecht war Oranien direkter Stellvertreter Philipps II. in diesen Territorien. Ursprünglich besaßen die Statthalter sehr weitgehende Vollmachten. Zusammen mit dem höchsten Gerichtshof des jeweiligen Territoriums setzten sie alle Beamten, auch die Militärgouverneure, ein und vergaben die Benefizien. Diese Vollmachten wurden durch die Zentralisierungspolitik, die Karl V. besonders seit dem Beginn der dreißiger Jahre betrieb, systematisch eingeschränkt. Die Statthalter behielten lediglich das Recht, einige niedere Ämter und Benefizien zu vergeben, so daß Oranien über das Statthalteramt kaum ein Patronagesystem aufbauen konnte.

Klienten Oraniens

Als wirksamer erwies sich dagegen die Gewinnung von Klienten über die Möglichkeiten, die Oranien aus seinen feudalen Herrschaftsrechten erwuchsen. In und um Breda gab es einen ganzen Kreis von Familien des niederen Adels, die über Generationen Verwaltungsfunktionen in der Herrschaft oder in der Hofhaltung ausübten. Die Existenzgrundlage dieser Adligen bestand in der Treue zum Hause Nassau, und die meisten von ihnen unterstützten Oranien in der Führung der antiabsolutistischen Adelsopposition. Dazu gehörten die Familien Renesse van Elderen, Oyenbrugge, Assendelft, De Mol und Masscherel. Oft waren diese Familien untereinander verwandt und verschwägert. Ähnlich lagen die Verhältnisse in den anderen Herrschaften Oraniens.

Einige Hofadlige bewahrten Oranien auch in den schwierigsten Zeiten die Treue. Da sie in den Jahren nach 1567 kaum mit materiellem Gewinn rechnen konnten, muß man davon ausgehen, daß sich aus einem Klientelverhältnis auch echte persönliche Bindungen ergeben konnten. Dies gilt sicher für Karel van der Noot, Herr von Risoir, der im Dienste Oraniens stand. Van der Noot trat 1566 dem »Kompromiß« bei, der antispanischen Vereinigung des niederen Adels. Er wurde von dem von Alba im September 1567 eingesetzten »Rat der Unruhen« verurteilt, flüchtete, beteiligte sich 1568 an einem Anschlag auf Alba, der mißglückte, und führte 1570 ein Fähnlein Fußvolk im Dienste Oraniens. François de Virieu, der Stallmeister Oraniens, folgte diesem in den Feldzügen ab 1572. Jérôme Tseraerts stand bereits 1553 in Oraniens Diensten. Schon sein Vater Jacob Tseraerts hatte den Nassauern als Drost von Breda gedient. Jérôme brachte es bis zum Stallmeister, ging mit Oranien in das Exil nach Dillenburg und wurde später mit verschiedenen wichtigen politischen und militärischen Aufträgen bedacht.

Doch auch bei den Hofadligen kann von Treue bis in den Tod zum Patron nicht durchweg die Rede sein. Für einige stand die Treue zum Landesherrn oder zur katholischen Konfession höher, und sie wandten sich aus diesem Grunde von Oranien ab. Zu ihnen gehörte Jacob Tseraerts, der seinen Sohn wegen dessen Gefolgschaft zu Oranien enterbte. Andere verließen Oranien, als sie bei weiterer Gefolgschaft persönliche Nachteile befürchten mußten, wie Karel van Gavere, Herr von Fresin, Graf von Beauvien. Dieser gehörte 1565 zum Hofe Oraniens, trat dem »Kompromiß« bei, wechselte aber später die Front und kämpfte mit der Waffe in der Hand gegen Oranien.

Das Beispiel Oraniens zeigt, daß Patronage und Klientel wohl eine Rolle im politischen Leben des 16. Jahrhunderts spielen konnten, aber in zugespitzten Krisensituationen keinen zuverlässigen Rückhalt für den Patron darstellten. Die Anhängerschaft des Klienten Oranien zu seinem Patron Philipp II. schlug in erbitterte Feindschaft um, als dieser grundlegende Privilegien des niederländischen Hochadels in Frage stellte. Der Patron Wilhelm von Oranien mußte erleben, daß ihn die meisten seiner Klienten um persönlicher Vorteile willen im Stich ließen.

FAMILIENBEZIEHUNGEN

AUS DER GESCHICHTE DES ADELS SIND ZAHLREICHE BRUDERFEHDEN UM RANG UND MACHT BEKANNT. DIE FAMILIE NASSAU-DILLENBURG BILDETE DA EINE BEMERKENSWERTE AUSNAHME.

Der Tod des Vaters

Der enge Kontakt Wilhelms von Oranien zu seinen Eltern und Geschwistern verstärkte sich noch, als der Vater, der alte Graf Wilhelm, am 6. Oktober 1559 starb. Oranien, der älteste Sohn, sah in seiner Funktion als Oberhaupt des Hauses Nassau-Dillenburg eine ernstzunehmende Verpflichtung. An den Trauerfeierlichkeiten anläßlich der Beisetzung seines Vaters konnte er jedoch nicht teilnehmen.

Nach der Unterzeichnung des Friedensvertrages von Cateau-Cambrésis am 3. April 1559 war – wie damals üblich – zwischen Philipp II. und König Heinrich II. von Frankreich vereinbart worden, als Garantie für die Einhaltung des Friedensschlusses vornehme Geiseln auszutauschen. Auf Wunsch Philipps II. hatten es Alba, Egmont und Oranien auf sich genommen, als Geiseln nach Paris zu gehen. Im Sommer 1559 erhielt Oranien zwar Urlaub, mußte jedoch am 15. September 1559 wieder in Frankreich sein, um an der Krönung des neuen französischen Königs Karl IX. in Reims teilzunehmen; Heinrich II. war bei einem Turnier tödlich verunglückt.

Die Nachricht vom Tode seines Vaters bekam Wilhelm von Oranien entweder in Reims oder erst nach seiner Rückkehr in Brüssel. Von dort schrieb er am 15. Oktober 1559 folgenden Brief an seinen Bruder Ludwig: »Lieber Bruder! Ich kann Dir nicht zur Genüge die Trauer schildern, mit der mich die Kunde vom Hinscheiden unseres guten Herrn Vaters, dem Gott verzeihe, erfüllt hat. Denn wir haben einen Vater verloren, dem wir alle so vielen Dank für die so große Liebe und Zuneigung schulden, die er uns erzeigte. Aber da es so der Wille Gottes war, müssen wir uns darein schicken und uns bemühen, in des Verewigten Fußstapfen zu treten, damit unser Haus, das mit Gottes Hilfe immer in so gutem Leumunde und so hoher Achtung gestanden hat, nicht Schaden leide, sondern vielmehr erhöht werde, und das kann leicht erfolgen, wenn wir, seine Kinder, in guter Eintracht und Liebe leben.

Oranien wird Familienoberhaupt

Ich will Dir die feste Versicherung geben, daß dabei auf meiner Seite nichts gebrechen soll, und daß ich Euch allen stets beistehen werde, sowohl mit Rat als auch in allen anderen Stücken, in denen ich Euch nützen kann; ich bin auch gewiß, daß Ihr Eurerseits dasselbe tun werdet, und daß Ihr insbesondere untereinander zur Wohlfahrt des Hauses in guter Freundschaft und Eintracht lebt und alles gemeinschaftlich mit gutem Bedacht unternehmt.«[17]

Graf Wilhelm von Nassau, Vater Oraniens.
Kopie von J. Tidemann nach einem anonymen Gemälde.
Provinzialverwaltung von Groningen

Es sind gerade aus der Geschichte des Adels zahlreiche erbitterte Kämpfe zwischen nahen Verwandten bekannt. Daß jedoch die Versicherungen Oraniens keine leeren Worte waren, sondern bei den nassauischen Brüdern tatsächlich die Bereitschaft bestand, Gut und Blut füreinander einzusetzen, sollte sich schon weniger als ein Jahrzehnt später zeigen.

Zusammenhalt der Nassauer Brüder

Mit Energie und unter Ausnutzung seiner persönlichen Beziehungen zu Kaiser Karl V., zu hohen kaiserlichen Beamten und zu Reichsfürsten hatte Wilhelm von Oranien sich an der Seite seines Vaters in einem Erbschaftsstreit engagiert, den seine Familie seit dem letzten Drittel des 15. Jahrhunderts mit den Landgrafen von Hessen um die Grafschaft Katzenelnbogen führte.

Der Katzenelnbogensche Erbschaftsstreit

Im Juni 1557 kam es schließlich bei einer Zusammenkunft in Frankfurt am Main zu einer Beilegung des Streits. Auch Wilhelm von Oranien reiste zu den abschließenden Verhandlungen, an denen sein Vater, dessen Gegner Landgraf Philipp von Hessen, die Kurfürsten von Trier und der Pfalz sowie die Herzöge von Kleve und Württemberg teilnahmen. Hessen behielt Katzenelnbogen, das Haus Nassau Dillenburg bekam dafür eine Entschädigung von 600 000 Gulden und durfte Titel und Wappen der strittigen Grafschaft führen.

War das Verhältnis Oraniens zu seinem Vater mehr vom Respekt vor dem Familienoberhaupt und durch das gemeinsame Eintreten für die Interessen des Hauses bestimmt, so besaß er zu seiner Mutter eine tiefe innere Bindung. Der Vater, Wilhelm von Nassau, in erster Ehe mit Walburg von Egmont verheiratet, die 1529 starb und ihm zwei Töchter hinterließ, hatte im Jahre

1531 die junge Witwe des 1529 verstorbenen Grafen Philipp von Hanau geheiratet.

Kennenlernen der Eltern

Durch seine Verpflichtungen als Vormund des minderjährigen Sohnes hatte Wilhelm Juliana näher kennen- und schätzengelernt, die zwar nicht von besonderer Schönheit, aber doch von angenehmem Äußeren war und ihn vor allem durch ihr von tiefem sittlichen Ernst geprägtes Wesen und die Hingabe an die Erziehung ihrer Kinder beeindruckte. Am 20. September 1531 wurde der Ehevertrag zwischen dem vierundvierzigjährigen Wilhelm von Nassau und der um neunzehn Jahre jüngeren Juliana geschlossen. Anderthalb Jahre später schenkte Juliana dem ersten Sohn – dem späteren Wilhelm von Oranien – das Leben. Obwohl er als Zwölfjähriger von seiner Familie getrennt worden war und durch seine Erziehung in den Niederlanden möglichst alle verwandtschaftlichen Gefühle zu Eltern und Geschwistern verlieren sollte, hat Wilhelm von Oranien seine Mutter zeitlebens sehr verehrt.

Diese fühlte sich ihrerseits zu ihrem Erstgeborenen besonders hingezogen. Einerseits war sie stolz auf dessen gesellschaftlichen Aufstieg, den Reichtum seiner Besitzungen und den Glanz seiner Hofhaltung, durch die ja auch das Ansehen der gesamten Familie stieg. Andererseits bereitete ihr aber sein Lebenswandel in dem lockeren Milieu des niederländischen Hochadels Kummer, und sie versuchte immer wieder, ihren längst erwachsenen Sohn zur Einhaltung der göttlichen Gebote und zu einer christlichen Lebensführung zu ermahnen. Vor allem muß sie sich über die Gerüchte von den Liebesabenteuern Oraniens nach dem Tode der Anna von Buren geärgert haben, die zu ihr nach Dillenburg drangen. Mit schlimmen Befürchtungen verfolgte sie die politische Entwicklung in den Niederlanden, wo ihr ältester Sohn als Haupt der Adelsfronde eine sehr gefährliche Rolle spielte. Ihm stand ihr drittgeborener Sohn Ludwig als treuer Helfer zur Seite.

Bedenken der Mutter wegen Oraniens Lebenswandel

Die Sorge um ihre Söhne wird aus einem Brief deutlich, den sie am 31. August 1566 an Ludwig von Nassau schrieb: »Was ich aus meutterlicher treuer allezeit liebs und guets vermag zuvor, wolgeborner freundlicher hertzlieber son; mit beschwertten gemeut hab ich geheort mit was grossen gefar und schweren hendeln Ir jtz bei euch behaft seindt. Die heilige Dreifälttigkeit weol euch beschützen und beschermen, das Ir nix rot (ratet) oder dut das wider Gottes wort underen . . . ewer sellen seligkeit sei . . . Ach! wie beschwert is mir mein gemeut, was grosser sorg drag ich vor dich! was ich mit betten aus kan richten, sal bei mir meoglicher fleis nit gespart werden. Der barmhertzig Got weol es alles zu einem seligen gutten end schieken, und diejenigen, die es cristlich und wol meinen, nit verlassen, und euch alle vor allem übel beheutten.«[18]

Sorge für die jüngeren Geschwister

Nach dem Erstgeborenen gingen aus der Ehe zwischen Wilhelm von Nassau und Juliana noch zehn Kinder hervor: Johann (1535), Ludwig (1538), Maria (1539), Adolf (1540), Anna (1541), Elisabeth (1542), Katharina (1543), Juliana (1546), Magdalena (1547) und Heinrich (1550). Dazu kamen die Kinder aus den ersten Ehen. Diese große Kinderschar wollte versorgt sein, und die Eltern erwarteten, daß ihr begüterter und hochangesehener Ältester sich mit um seine Geschwister kümmerte. Auch Wilhelm von Oranien sah darin eine selbstverständliche Verpflichtung. Er bemühte sich vor allem um die Karriere der drei jüngsten Brüder Heinrich, Adolf und Ludwig und versuchte, diese mit seinen eigenen Möglichkeiten und über seine zahlreichen Verbindungen zu protegieren. Der nach ihm geborene Johann galt als versorgt, denn nach den nassauischen Erbfolgeregelungen war er dazu

Juliana von Stolberg, Mutter Oraniens.
Gemälde eines unbekannten Künstlers, 1574.
Feudalmuseum Schloß Wernigerode

ausersehen, die Nachfolge des Vaters anzutreten und Graf von Nassau-Dillenburg zu werden.

Ausbildung der Brüder

Zunächst unterstützte Oranien seinen Vater finanziell bei der Ausbildung der Brüder. Als Johann und Ludwig ihre Studien in Straßburg beendet hatten, wollte sie der Vater – vor allem zum Erlernen der französischen Sprache – zusammen mit Adolf entweder an den Hof Oraniens oder auf die Universität Dôle in der Freigrafschaft Burgund schicken.

Oranien nahm Ludwig an seinen Hof und einigte sich mit seinem Vater darüber, daß Johann und Adolf an der Universität Dôle studieren und dort auf seine Kosten wohnen sollten. Die letzte Bestimmung wurde jedoch wieder verworfen, da es bei dem Kriegszustand zwischen Philipp II. und dem König von Frankreich zu unsicher schien, die beiden jungen Herren nach Burgund zu schicken. Johann wurde am Hofe des Herzogs von Kleve untergebracht, wo er sich weiter auf die Nachfolge seines Vaters vorbereiten und in der französischen Sprache vervollkommnen sollte. Außerdem erhielt er einen Lateinlehrer, der ihn täglich zwei Stunden unterrichtete. Adolf ging an die Universität Wittenberg. Wiederum erklärte sich Oranien bereit, für die Ausbildung

Ludwig von Nassau,
Oraniens Lieblingsbruder und engster politischer Mitarbeiter.
Stich aus: Emanuel van Meteren, Niederländischer Krieg.
Deutsche Staatsbibliothek, Berlin

der Brüder einen Kostenzuschuß zu geben. Ludwig, der sich am Hofe seines Bruders befand und diesen wohl auch schon ins Feld begleitete, wurde von den anderen Brüdern beneidet. Vor allem Johann drängte darauf, auch in die Niederlande gehen zu dürfen. Am 5. Juli 1558 bat er Ludwig in einem Brief, sich beim ältesten Bruder für ihn zu verwenden und diesen zu überreden, ihn doch auch zu sich zu nehmen. Dieser Brief ist charakteristisch dafür, wie die Brüder sich auch in der Folgezeit durch ihre Korrespondenz über ganz persönliche Dinge, Familienangelegenheiten und politische Affairen auf dem laufenden gehalten haben: »Wohlgeborener, freundlicher, lieber Bruder! Eurer Liebe Schreiben, worin Ihr mir anzeigt, daß mein Herr, der Prinz, bald mit des Königs Majestät in das Feld zu rücken vermeint,

Austausch von Familiennachrichten

habe ich empfangen und gelesen. Ich hoffe auch, Eure Liebe wird derhalben bei meinem gnädigen Herrn, dem Prinzen, meiner zum Besten gedenken und befördern helfen, daß ich auch eine Zeitlang mitziehen und Seiner Gnaden aufwarten darf . . .

Soviel den Berg mit den Laternen oder Leuchten belangt,[19] will ich Eurer Liebe nicht bergen (was ich bisher nie getan habe, noch auch zu tun gesinnt war, ob Ihr wohl auch solches von mir behauptet), daß ich denselben ganz fleißig, so viel mir in so kurzer Zeit immer möglich gewesen ist, besehen habe, und er hat mir zum Teile also gefallen, daß ich mich habe gefangen geben müssen; es hat mich Hand und Ring gekostet. Ich bin aber auf besagtem Berge noch nicht gewesen, habe auch noch nicht hineinkommen können oder wollen; denn ich habe mich vor den Hundstagen besorgt.

Ferner will ich Euch nicht bergen, daß meine Schwester Elisabeth den Grafen Conrad von Solms bekommen hat und meine Schwester Anna den Grafen Albrecht von Nassau. Die Gesandten des Grafen von Schwarzburg sind vor kurzem zu Dillenburg bei meinem Herrn Vater gewesen und haben alle Verabredungen und Verhandlungen wegen der Heirat Graf Günthers mit meiner Schwester[20] verrichtet, und es wird sich irgend bald einmal ganz unversehens eine große Bräuterei erheben.«[21]

Unterstützung der Schwestern

Als Familienoberhaupt sorgte sich Wilhelm von Oranien nach dem Tode des Vaters auch um die noch unverheirateten Schwestern und um den erst neunjährigen jüngsten Bruder Heinrich. Er schrieb im Oktober 1559 an Johann, dieser möge Katharina, Juliana und Magdalena übermitteln, er wolle ihnen immer ein guter Bruder sein, »und wenn sie einen Vater verloren haben, so würden sie in ihm ein zweiten finden«.[22] Magdalena wurde 1567 mit Graf Wolfgang von Hohenlohe verheiratet, Juliana 1575 mit Graf Albrecht von Schwarzburg-Rudolstadt.

Pläne für eine geistliche Laufbahn Heinrichs von Nassau

Anfang der sechziger Jahre mußte über die weitere Ausbildung von Heinrich entschieden werden, der bis dahin von seiner Mutter und von Hauslehrern in Dillenburg unterrichtet worden war. Während eines Besuches der Juliana von Stolberg im Herbst 1561 in Breda brachte Wilhelm von Oranien die Rede auf die Zukunft seines jüngsten Bruders und legte seiner Mutter nahe, daß es nun Zeit sei, daß Heinrich mit einem Studium begänne.

Oranien ließ Heinrich noch 1562 an seinen Hof kommen und brachte ihn dann an der Universität Löwen unter, wo er unter der Aufsicht eines Hofmeisters, des Magisters Georg Olandus, mit dem Studium begann. Heinrich sollte nach dem Willen Oraniens die geistliche Laufbahn einschlagen und erhielt, obwohl lutherischer Konfession, die Ausbildung und Erziehung eines angehenden Angehörigen des katholischen Klerus. Obwohl Heinrich noch im Kindesalter stand, betrieb Oranien dessen Kandidatur für das Bistum Lüttich, wobei er seinen persönlichen Einfluß und seine zahlreichen guten Beziehungen in hohen Adels- und Klerikerkreisen spielen ließ. Oranien konnte auch erreichen, daß der Erzbischof von Utrecht einen Teil der Unterhaltskosten für Heinrich übernahm. Darüber hinaus versuchte Oranien, kirchliche Benefizien für Heinrich zu erlangen. So erklärte sich Robert van Bergen, der gerade als Bischof von Lüttich zurückgetreten war, bereit, zugunsten Heinrichs auf die Propstei der St. Salvatorkirche von Utrecht zu verzichten. Bergen starb jedoch, bevor er die Verzichtserklärung rechtsgültig gemacht hatte. Nun bat Oranien die Generalstatthalterin Margareta von Parma, Heinrich die Pfründe zu überlassen. Mit dem Grafen von Rennenburg, der es ebenfalls auf die Pfründe abgesehen hatte, schloß er einen Vergleich: Falls Rennenburg die Propstei erhalten würde, sollte Heinrich von ihm eine Pension von 600 Gulden erhalten.

Protektion Heinrichs

Gegen diese Pläne Oraniens seinen jüngsten Bruder betreffend gab es jedoch erheblichen Widerstand im hohen Klerus und bei den Beratern der Generalstatthalterin. Heinrich wurde zwar in Löwen katholisch erzogen, besuchte die Messe und hatte wahrscheinlich sogar schon die Tonsur erhalten. Doch er entstammte einer protestantischen Familie, sein Bruder Wilhelm heiratete eine Protestantin, und man konnte nicht sicher sein, ob er nicht selbst heimlich Protestant geblieben oder wieder geworden war. Durch einen Aufstieg Heinrichs in den hohen Klerus befürchtete man eine Stärkung des Protestantismus, der nach den Beschlüssen des zu Ende gehenden

Schlacht auf der Mooker Heide am 14. April 1574.
Wilhelms Brüder Ludwig und Heinrich fielen an diesem Tag.
Kupferstich von Franz Hogenberg.
Deutsche Staatsbibliothek, Berlin

Konzils von Trient[23] gerade bekämpft werden sollte. Wahrscheinlich wollten einige niederländische Hochadlige und vielleicht auch die Generalstatthalterin eine zu starke Position der Familie Nassau im niederländischen Raum verhindern.

Widerstand gegen die Projekte Oraniens kam aber vor allem von der anderen Seite. Unter den protestantischen Reichsfürsten machte sich Unwillen über den vorgesehenen Eintritt Heinrichs in den katholischen Klerus breit. Vor allem erhoben aber Juliana von Stolberg und Johann von Nassau erhebliche Einwände. Möglicherweise wollte Graf Johann Konflikte mit seinen protestantischen Gesinnungsgenossen unter den Reichsfürsten vermeiden. Bei der tiefgläubigen Juliana handelte es sich ganz sicher um Gewissenskonflikte, die sie und Johann bewogen, die materiellen Vorteile, die dem Hause Nassau durch eine Karriere Heinrichs als Kirchenfürst winkten, auszuschlagen und Heinrichs endgültigen Übertritt zum Katholizismus nicht zu gestatten. So wurde er schließlich nach Dillenburg zurückgeholt. Damit verlor er auch die Aussicht auf die Utrechter Pfründe und die finanzielle Unterstützung durch den Bischof von Utrecht.

Ludwig von Nassau – Bruder und politischer Parteigänger

Ein besonders inniges Verhältnis bestand zwischen Wilhelm von Oranien und seinem fünf Jahre jüngeren Bruder Ludwig. Seit der zweiten Hälfte des Jahres 1556 hielt sich Ludwig fast ständig am Hofe Oraniens auf. Zunächst mußte er seine Ausbildung als Edelmann vollenden; dann erhielt er ein »Amt« – wahrscheinlich wurde er von Oranien als eine Art Generalvertreter für die Verwaltung seiner Besitzungen eingesetzt. Ludwig führte fast die gesamte Familienkorrespondenz für Oranien und erledigte mehrfach vertrauliche Aufträge in persönlichen oder politischen Angelegenheiten. In den folgenden Jahren widmete er sich fast ausschließlich dem Dienst für seinen Bruder, wobei er sowohl als Diplomat als auch als Feldherr brillierte. Zeitgenossen schilderten Ludwig als einen gutaussehenden, lebenslustigen, kontaktfreudigen und gefühlsstarken Mann, der schnell Sympathien gewann und sich in politischen Verhandlungen durch Flexibilität, aber auch Durchsetzungsvermögen auszeichnete.

Zweifellos trugen die Beziehungen Oraniens zu seiner Familie starke Züge eines Patronageverhältnisses. Oranien, als das Familienoberhaupt und reichster und angesehenster Nassauer, trat als Patron auf, protegierte seine Verwandten wie Klienten, wofür diese ihm gute Dienste leisteten. Doch anders als bei der nichtverwandtschaftlichen Patronage bestimmten gegenseitige Verbundenheit und Treue auch in ungünstigen Zeiten die Beziehungen.

Aber auch hier gab es Ausnahmen: Palamedes von Chalon, ein unehelicher Sohn Renés, der zuerst dem »Kompromiß« angehörte, ging später auf die Seite der Spanier über. Graf Willem IV. van den Bergh, seit 1556 mit Oraniens Schwester Maria verheiratet, übte ebenfalls Verrat. Doch die Mehrheit seiner verwandten Klienten stand fest zu ihm, so wie sein Schwager Günther von Schwarzburg.

Bei Johann von Nassau fand Oranien nach seiner Flucht aus den Niederlanden im Frühjahr 1567 freundliche Aufnahme. Als regierender Graf stellte ihm dieser seine Mittel fast bedingungslos für seinen Kampf zur Verfügung, wobei natürlich auch nicht vergessen werden darf, daß dieser Kampf auch im Interesse der ganzen Familie um die reichen niederländischen Besitzungen geführt wurde.

Tod von drei Brüdern im Kampf für Oranien

1578 bis 1580 war Johann Statthalter von Geldern und spielte eine hervorragende Rolle beim Zustandekommen der Union von Utrecht im Jahre 1579. Die Brüder Ludwig, Adolf und Heinrich bewahrten Oranien Treue bis in den Tod; Adolf fiel am 23. Mai 1568 im Kampf gegen Albas Truppen in der Schlacht bei Heiligerlee, Ludwig und Heinrich ließen am 14. April 1574 in der Schlacht auf der Mooker Heide ihr Leben.

DIE FRAUEN AM HOFE

DIE EHESCHLIESSUNGEN WILHELMS VON ORANIEN VERDEUTLICHEN BEISPIELHAFT, DASS NICHT LIEBE UND ZUNEIGUNG, SONDERN DYNASTISCHE INTERESSEN DEN AUSSCHLAG FÜR DIE PARTNERWAHL IN DIESER ZEIT GABEN.

Im Februar 1558 begab sich Wilhelm von Oranien in höchst wichtiger und ehrenvoller Mission nach Frankfurt am Main. Er sollte den dort versammelten Kurfürsten des Heiligen Römischen Reiches Deutscher Nation den förmlichen Verzicht Karls V. auf den Kaiserthron aussprechen und zugleich die Kaiserkrone an dessen Bruder und Nachfolger Ferdinand I. übergeben. Die Kurfürsten nahmen den Thronabstand Karls V. an und proklamierten Ferdinand am 14. März 1558 zum »erwählten römischen Kaiser«.

Die Reise nach Frankfurt am Main erwies sich für Oranien auch persönlich von Bedeutung, denn er machte dort die Bekanntschaft der Kurfürsten und zahlreicher anderer Reichsfürsten, die aus Anlaß der Kaiserproklamation in die alte Reichsstadt gekommen waren. Bei den häufig bis in die tiefe Nacht andauernden Eß- und Trinkgelagen kam er einigen der Fürsten auch menschlich näher und knüpfte Beziehungen an, die in der Zukunft vielleicht von Gewicht sein konnten.

Konkubinat ist keine Sünde

Bei einer dieser Gelegenheiten erklärte Wilhelm von Oranien im Gespräch mit dem Kurfürsten August von Sachsen und dem Herzog Christoph von Württemberg, die Ehe sei lediglich dazu bestimmt, legitime Erben zu zeugen, ansonsten wäre es keine Sünde, wenn man sich außerhalb der Ehe Konkubinen halte.

Die beiden etwas bigotten deutschen Reichsfürsten sollen über diese Äußerung des weltgewandten niederländischen Edelmannes sehr empört gewesen sein, und dieser wiederum wird diese Empörung wohl kaum verstanden haben, denn im Grunde hatte er doch nur ausgesprochen, was in der Sphäre des Hochadels gang und gäbe war, und nicht nur in den Niederlanden. Allerdings sagte man dem niederländischen Hochadel eine besonders lockere Moral nach. Als einer seiner typischen Vertreter galt Maximilian Egmont, Graf von Buren, der Vater von Oraniens erster Ehefrau. Von ihm hieß es, er sei unmäßig in Speise und Trank, er schwöre und fluche, von der Religion spreche er ohne Scheu und Ehrfurcht, er vernachlässige ihre wesentlichen Pflichten, indem er sonntags und feiertags oft die Messe versäume und während der Fastenzeit öffentlich Fleisch esse; er sei so ausschweifend, daß er die eheliche Treue nicht halte und sich nicht einmal schäme, sich dessen in Gesellschaft offen zu rühmen.

In ihrem Verhältnis zur ehelichen Treue und zu den Frauen überhaupt standen die niederländischen Hochadligen ebenfalls in der Tradition der burgundischen Herzöge und ihrer habsburgischen Nachfolger. Außereheliche Liebesverhältnisse, das Halten von Konkubinen und das Zeugen von außerehelichen Kindern, sogenannten Bastarden, war für die burgundischen Herzöge ein normales Verhaltensmuster. Der Chronist Jacques du Clercq schrieb dazu: »Damals war die Sünde der Unzucht stark verbreitet, insbesondere unter Prinzen und verheirateten Männern; wer die meisten Frauen gleichzeitig täuschen und haben konnte, wer der Unzüchtigste war, galt als der angenehmste Gefährte.«[24] Herzog Philipp der Kühne hatte zwei uneheliche Kinder, Johann ohne Furcht vier. Unerreicht blieb in dem Herzoghaus Philipp der Gute, der mindestens 33 Mätressen besaß, mit denen er nachweislich 26 Bastarde zeugte – tatsächlich waren es wahrscheinlich noch mehr. Über ihn lautet ein zeitgenössisches Urteil: »Auch trug er das Laster des Fleisches in sich. Was seine Augen sich wünschten, gefiel seinem Herzen, und mit der Gier seines Herzens vermehrten sich seine Vergehen. Was er wollte, geschah.«[25] Dagegen hatte Philipp der Gute nur einen ehelichen Sohn, Karl den Kühnen, mit dem das burgundische Herzoghaus dann im Mannesstamm ausstarb, da Karl neben zwei Bastarden als einziges legitimes Kind nur seine Tochter Maria hinterließ.

Konkubinate burgundischer Herzöge

Das Verhalten der burgundischen Herzöge wurde von deren Vasallen nachgeahmt. Jan von Glymes hatte 40 uneheliche Kinder, und Johann von Burgund, Bischof von Cambrai, der selbst ein Bastard von Johann ohne Furcht war, hinterließ 17 Bastarde. Doch die Herzöge fanden auch außerhalb ihrer Territorien viele Nachahmer. Herzog Johann II. von Kleve erhielt wegen seiner 63 Bastarde den Beinamen »der Kindermacher«; und von Johann von Heinsberg, Bischof von Lüttich, sagte der Chronist Jan van Stavelot: »Il amoit et hantoit amoureusement les desmoiselles«[26] – der Bischof besaß, soviel bekannt ist, 65 Kinder.

Uneheliche Kinder Karls V.

Auch Kaiser Karl V. bestand zahlreiche Liebesabenteuer, bei denen er zumindest zwei uneheliche Kinder zeugte; so mit der Augsburger Bürgerstochter Barbara Blomberg einen Sohn, den späteren berühmten Feldherrn Don Juan d' Austria, und mit der Dienstmagd Johanna van der Gheynst die spätere Generalstatthalterin der Niederlande Margareta von Parma. Über den so glaubensstrengen und nach außen kalten Philipp II. heißt es bei Felix Rachfahl: »Auch den Genüssen der Liebe war seine stark sinnliche Natur nicht abhold; er empfand seine Ausschweifungen selbst als Sünde, konnte jedoch den Versuchungen nicht widerstehen; immerhin gönnte er seinen Mätressen keinerlei Einfluß, indem er sie als Werkzeuge seines Lasters verachtete.«[27]

Übrigens hatte gerade Kurfürst August von Sachsen wenig Grund, Oranien wegen seiner saloppen Bemerkung zu verachten.

Über das Verhalten seines Bruders und Vorgängers Moritz auf dem Augsburger Reichstag von 1530 heißt es in einem zeitgenössischen Bericht: »Herzog Moritz machte viele Bekanntschaften mit bayerischen Frauenzimmern und führte in seiner Herberge, die einem Arzt gehörte, ein recht lustiges Leben. Der Arzt hatte eine erwachsene Tochter mit Namen Jungfer Jacobine. Mit der badete und spielte er täglich, und der Markgraf Albrecht von Kulmbach war der dritte im Bunde. Dabei gab's recht derbe Späße zwischen den dreien. Und man kann wohl sagen, sie hielten zu Haus, daß der Teufel seine helle Freude an ihnen hatte und daß das Gerede die ganze Stadt erfüllte. Die anderen Fürsten und Herren, gleich viel, ob weltlichen oder geistlichen Standes, machten es übrigens nicht viel besser.«[28]

Philipp der Kühne, Herzog von Burgund.
Stich aus: Emanuel van Meteren, Niederländischer Krieg.
Deutsche Staatsbibliothek, Berlin

Nicht Liebe und Zuneigung zwischen den Partnern, sondern dynastische Interessen, die Aussichten auf eine Vergrößerung des Familienbesitzes gaben den Ausschlag für die Partnerwahl, die durch die Eltern oder die Vormünder der Kinder entschieden wurde. Nicht selten bestand unüberwindliche persönliche Abneigung zwischen den Ehepartnern, und der eheliche Beischlaf wurde als eine lästige Verpflichtung zur Erzeugung möglichst männlicher Nachkommen vollzogen. So kam es in den Ehen gekrönter Häupter häufig zu menschlichen Tragödien. Für die Männer dienten kaum oder gar nicht verborgene Konkubinate als Ersatz für die in der legitimen Verbindung nicht erfüllten Sehnsüchte und Gefühle. Ihre außerehelichen Abenteuer wurden als beinahe selbstverständlich toleriert. Adlige Frauen dagegen mußten die eheliche Treue streng einhalten, barg bei ihnen ein Seitensprung doch stets die Gefahr der ungeklärten Erbfolge in sich. Dennoch kam es auch bei Fürstinnen und Edelfrauen immer wieder zu heimlichen Liebschaften.

Zweckheiraten des Adels

Über das Verhältnis Wilhelms von Oranien zu Frauen vor seiner ersten Eheschließung ist nichts bekannt. Es kann aber als sicher gelten, daß der hochgeachtete, gutaussehende und alle Freuden des Adelslebens auskostende junge Edelmann sich auch sexuellen Genüssen nicht verschlossen hat.

Am 8. Juli 1551 erfolgte die Vermählung Oraniens mit Anna von Buren. Das Heiratsprojekt war schon längere Zeit betrieben worden. Maximilian Egmont, Graf von Buren, hatte Ende 1548 sterbend als seinen Letzten Willen erklärt, daß seine einzige Tochter Anna die Ehe mit Wilhelm von Oranien eingehen möge. Die Vormünder und der Vater Oraniens griffen den Plan sofort auf, brachte doch seine Verwirklichung dem Hause Nassau reichen Gewinn. Am 19. Juni 1550 fand die Verlobung statt; und nachdem alle familien- und lebensrechtlichen Regelungen getroffen waren und der Kaiser die Heirat genehmigt hatte, erfolgte am 6. Juli 1551 die Unterzeichnung des Heiratskontrakts.

Eheschließung Oraniens mit Anna von Buren

Offensichtlich hatte Wilhelm von Oranien bei seiner Verbindung mit Anna von Buren Glück, denn sie brachte ihm außer reichem Ländergewinn auch Liebe und Zuneigung. Über Anna selbst ist nicht viel bekannt. Ein Porträt zeigt eine junge Frau mit etwas melancholischer Anmut. Traut man seinen Briefen, so war auch der achtzehnjährige Oranien seiner gleichaltrigen Frau bald sehr zugetan. So schrieb er am 13. November 1552 aus dem Feldlager bei Arras: »Lieber heute als morgen möchte ich zu Dir kommen; ich kann Dir die Sehnsucht, die mich nach Dir erfüllt, nicht lebhaft genug ausdrücken; denn es dünkt mich, als sei ich schon ein ganzes Jahr von Dir entfernt. Ich schließe diesen Brief, indem ich den Schöpfer bitte, Dich vor allem Übel zu behüten und uns die Gnade zu verleihen, daß wir uns recht bald wiedersehen, indem ich mich zugleich von ganzem Herzen Deiner Gunst empfehle.«[29]

Drei Jahre später erhielt Anna folgenden Brief, den Oranien, wieder Teilnehmer eines Feldzugs, am 5. Dezember 1555 geschrieben hatte: »Liebe Frau! Bereits durch zwei meiner früheren Schreiben ersuchte ich Dich darum, daß Du über mein Hab und Gut ganz ebenso verfügen möchtest, wie über das Deinige. Wie ich Dir schon sagte, was Mein ist, ist auch Dein; . . . Ich versichere Dich, daß ich nichts anderes wünsche, als von Dir so geliebt zu werden, wie ich Dich liebe, und wenn ich nicht genau wüßte, daß Du mich liebst, so würde mir nicht so leicht zu Mute sein, wie mir jetzt ist. Das weiß der Schöpfer, den ich bitte, uns die Gnade zu gewähren, daß wir unser ganzes Leben in dieser wahren Herzensfreundschaft leben dürfen, und von ganzem Herzen empfehle ich mich Deiner Gunst.«[30]

Briefe Oraniens an seine Frau

In einem Nachsatz steigerte Oranien in diesem Brief noch seine Liebesbeteuerungen: »Wenn ich Dich nicht so sehr liebte, würde ich mich nicht so oft nach Dir sehnen; wollte es Gott, daß meine Wünsche in Erfüllung gingen, so würde ich diese Nacht nicht fern von Dir sein, und während ich jetzt mein Kopfkissen umarmen muß, würde ich Dich, mein Liebchen, umarmen.«[31] Zehn Tage später schrieb Oranien, daß er nach Hause eilen würde, sobald er wichtige militärische Angelegenheiten erledigt hätte. »Und dann wollen wir sehen, ob klein Annchen mich wird zähmen können. Ich fürchte gar sehr: Ja! Freilich scheint mirs jetzt noch schwer; aber es wird wohl so kommen, wie es immer war, und sie wird den Sieg davon tragen.«[32]

Kinder Oraniens aus erster Ehe

Oranien hat mit Anna von Buren drei Kinder gezeugt. Die am 9. Dezember 1553 geborene Tochter Maria ist wahrscheinlich schon nach wenigen Wochen wieder verstorben. Ein Jahr später, am 19. Dezember 1554, erfolgte die Geburt Philipp Wilhelms. Dieser älteste Sohn Oraniens befand sich 1567 beim Einmarsch Albas auf der Universität Löwen, wurde von Alba in Gewahrsam genommen, nach Spanien gebracht und dort erzogen. Er hat seinen Vater nie wiedergesehen. Am 7. Februar 1556 schenkte Anna einer Tochter das Leben, die, wie die früh verstorbene Erstgeborene, ebenfalls auf den Namen Maria getauft wurde.

Gemeinhin wird die Ehe Oraniens mit Anna von Buren als sehr glücklich eingeschätzt.[33] Man muß dabei allerdings in Betracht ziehen, daß die beiden jungen Leute nicht wirklich zusammen

Juan d'Austria,
unehelicher Sohn Karls V. und der Barbara Blomberg.
Als Oberbefehlshaber der spanisch-venezianischen Flotte besiegte er
in der Seeschlacht von Lepanto 1471 die Türken.
Gemälde von Anthonis Mor, 1557. Galleria Nazionale, Parma

gelebt haben. Ein Dreivierteljahr nach der Hochzeit trat Oranien in den Kriegsdienst und hielt sich wegen seiner Verpflichtungen als militärischer Befehlshaber und in diplomatischen Missionen bis zum Frieden in Cateau-Cambrésis vom 3. April 1559 nur in größeren Abständen und stets nur kurze Zeit zu Hause auf. Es ist geradezu unwahrscheinlich, daß der an ein lockeres Leben gewöhnte adlige Lebemann während der langen Trennung von seiner Frau die eheliche Treue gehalten hat. Es kursierten verschiedentlich Gerüchte über Seitensprünge des Prinzen und über Zerwürfnisse mit seiner Frau, die dadurch verursacht worden wären. Der Kardinal Granvelle schrieb später einmal, daß der Generalstatthalter Emanuel Philibert von Savoyen, bei seiner Einsetzung 1555 erst 27 Jahre alt, mit anderen jungen Adligen – unter anderen Oranien, Egmont und Horn – Streifzüge durch das nächtliche Brüssel unternahm und sich mit ihnen an schlechten und niederen Orten aufhielt. Anderen Tags wären die Herren dann unausgeschlafen zu den Sitzungen des Staatsrates gekommen. Natürlich kann dies eine Verleumdung des seit Ende der fünfziger Jahre mit Oranien tödlich Verfeindeten gewesen sein; aber auch der Graf Charles von Berlaymont erinnerte sich, daß sich Oranien gegenüber den »maykens«[34] sehr freigebig zeigte.

Gerüchte über Untreue Oraniens

Exakt zu belegen sind Beziehungen Oraniens zu anderen Frauen während der Ehe mit Anna von Buren nicht. Über Anna selbst und die Rolle, die sie am Hofe Oraniens spielte, ist kaum etwas bekannt. Als Oranien auf dem Kurfürstentag in Frankfurt am Main weilte, erhielt er am 11. März 1558 einen Brief, den seine Frau am 27. Februar geschrieben hatte und in dem sie ihm mitteilte, daß sie erkrankt sei. Einen Tag später ließ er ihr schriftlich Trost und gute Wünsche zukommen und schloß den letzten Brief mit den Worten: »Ich bitte den Schöpfer, daß er Dir schnelle und gute Genesung gewähre, damit wir uns um so zärtlicher umarmen können, wenn wir wieder beisammen sind.«[35] Als Oranien am 20. März, über Dillenburg reisend, wieder in Breda eintraf, fand er seine Frau sterbenskrank. Am 24. März verschied sie. Ihr Tod erschütterte ihn sehr.

Der Tod Annas von Buren

Dem jungen Witwer blieb wenig Zeit, sich in Meditationen über sein Schicksal zu ergehen. Die Verpflichtungen als Truppenbefehlshaber und politische Geschäfte erforderten sein volles Engagement. Er gab sich auch gar nicht erst Mühe, im Trauerjahr Zurückhaltung zu üben und seine sexuellen Bedürfnisse zu zügeln. Aus Dillenburg hörte Oranien deswegen immer wieder mahnende Worte, die ihn aber unberührt ließen. Von nicht gerade tiefer Religiosität erfüllt, wollte er sein irdisches Leben so gut wie möglich genießen, und da er wußte, daß es begrenzt ist, suchte er die ihm gegebene Zeit voll auszunutzen. Vielleicht war ein Gedicht von Pierre Ronsard[36] sein Leitmotiv:

Seid, Herrin, hold noch heute …

»Die Stunden fliehen, Herrin,
  und es flieht die Zeit.
Ach! nicht die Zeit ist's, die verfliegt,
  wir selber schwinden.
Zu bald deckt unsern Tag die Scholle,
  schwer und breit.
Der Minne, die wir heute noch in Worte
  binden,
Wird keiner denken, sind wir stumm,
  des Todes Beute.
Darum, weil heut noch schön, seid, Herrin,
  hold noch heute.«[37]

Liebschaften Oraniens

Oranien hielt sich nun mehrere Mätressen. Mit einer von ihnen namens Eva Ellings[38] zeugte er einen Sohn, der im September 1559 geboren und auf den Namen Justinus getauft wurde und um dessen sorgfältige Ausbildung er sich bemühte.[39] Ansonsten gibt es nur Andeutungen über die

Liebschaften Oraniens. So ist die Rede von einer Mademoiselle de Maudrimont. Als er im Dezember 1560 von einem vierwöchigen Aufenthalt in Dillenburg zurückkehrte, wurde ein Fest in Aussicht gestellt, auf dem er nach seinen Abenteuern mit dunklen Damen nun »pourra trouver du blond«[40].

Als nach dem Tode Annas von Buren Oranien um die Hand der Enkelin Philipps von Hessen anhielt, schrieb der Landgraf am 29. April 1561: »Vonn der tugennt des Printzenn lassenn wir inen einen weldt thugentsamen mann seinn; so er aber bey diesser unser dochter sein ehe haltten wird wie bei der vorigen, so wirt es ir beschwerlich genug sein.«[41] Ein weiterer Hinweis findet sich in einem Brief von Oraniens Schwager Graf Günther von Schwarzburg. Er bezog sich auf Oraniens einige Monate zuvor erfolgte zweite Eheschließung und schrieb am 14. Dezember 1561 aus Sondershausen, »er hoffe, der Prinz werde sich nunmehr im Ehestande so wohl befinden, daß er nicht mehr Barbara von Lier und andere besuche, sondern bald einen jungen Kerl hervorgestoßen habe. Er für seine Person arbeite auch fleißig; es wolle aber zur Zeit noch nichts geben«[42].

Bereits Anfang 1559 waren Oranien von seinen Verwandten mehrere deutsche Fürstentöchter als Kandidatinnen für eine neue Eheschließung vorgeschlagen worden; doch dieser hatte sich anders entschieden und warb im Frühjahr 1559 um Renata, die Tochter der Herzogin Christine von Lothringen, die mit Philipp II. verwandt war.[43] Philipp trat selbst bei Christine als Brautwerber für Oranien auf. Die Herzogin lehnte aber trotz dieser hohen Fürsprache den Antrag Oraniens ab; es gibt keine sichere Erklärung dafür, aus welchen Gründen dies geschah. Ein Zeitgenosse, der Engländer John Ligh, schrieb, die Gräfin Feria, eine Vertraute Christines, habe ihm gesagt, »that the Dowtches off Lorrayn had such offecsyon to the Prynse of Orange, that, we he showld have mayd her selff«[44].

Das Lothringische Eheprojekt

Es ist schon möglich, daß ganz persönliche Motive bei der Entscheidung der Herzogin eine Rolle spielten, aber sehr wahrscheinlich gaben doch dynastische Erwägungen den Ausschlag. In dieser Denkrichtung könnte es zwei Beweggründe für die Ablehnung des Antrages von Oranien gegeben haben. Zum einen mußte Christine befürchten, daß die Kinder aus einer Ehe ihrer Tochter mit Oranien nicht genügend und vor allem nicht standesgemäß versorgt werden würden, denn Erbe Oraniens war sein Sohn Philipp Wilhelm aus der Ehe mit Anna von Buren. Nach einer allerdings unsicheren Überlieferung soll Christine auch vergeblich versucht haben, Oranien dazu zu bewegen, seinen Sohn aus erster Ehe zum Geistlichen zu bestimmen.

Ferner ist es durchaus denkbar, daß Philipp II. die Brautwerbung für Oranien übernahm, um der Brautmutter bei der Gelegenheit klarzumachen, daß sie sich dieses Eheprojekt aus dem Kopf schlagen solle. Aus der Sicht Philipps gab es durchaus ein Interesse, diese Heirat zu verhindern. Es konnte ihm nicht gerade lieb sein, wenn einer seiner Vasallen in den Kreis seiner nächsten Verwandten aufrückte, zumal Philipp II. im ersten Halbjahr 1559 schon allen Grund hatte, an der unbedingten politischen Zuverlässigkeit Oraniens zu zweifeln – die Opposition der niederländischen Großen gegen seine Zentralisationspolitik begann sich zu formieren. Dabei bliebe noch zu bedenken, daß Christine von Lothringen verärgert war, weil Philipp II. nicht sie, sondern ihre Rivalin Margareta von Parma als neue Generalstatthalterin bestimmt hatte. Beim Zustandekommen eines näheren verwandtschaftlichen Verhältnisses zu Oranien wäre es denkbar gewesen, daß die Herzogin unter den Einfluß der

9 Wappen von Oranien.
Das Fürstentum Oranien fiel nach dem Tode Philiberts von Chalon im Jahre 1530 an die Grafen von Nassau-Dillenburg. Wilhelm I. trat sein Erbe als Prinz von Oranien 1544 an. Kolorierte Zeichnung. Zentrales Staatsarchiv Merseburg

Willhelm · Printz · zu · Vranie
Graff · von · Nassaw ·
Catzenellen · Bochen ·

10 Wilhelm von Nassau, Prinz von Oranien, im Alter von 22 Jahren.
Gemälde von Anthonis Mor.
Staatliche Kunstsammlungen Kassel, Gemäldegalerie Alte Meister

11 Anna von Buren, Oraniens erste Frau.
Gemälde von Marcus Geeraerts d. Ä.
Stichting Historische Verzamelingen van het Huis Oranje-Nassau, Den Haag

ANNA, Prinsesse van Saxen, Gemalinne van WILLEM den
Moeder van MAURITS
van Oranje,
Anth. More pinx.

12 Anna von Sachsen, Oraniens zweite Frau.
Kupferstich von Jacobus Houbraken nach Hendrik Pothoven, um 1750.
Staatliche Kunstsammlungen Dresden, Kupferstich-Kabinett

13 Kurfürst August von Sachsen, Onkel und Vormund Annas von Sachsen.
Gemälde von Lucas Cranach d. J.
Staatliche Kunstsammlungen Dresden, Gemäldegalerie Alte Meister

14 Mummenschanzaufführungen wie diese ließ Wilhelm von Oranien anläßlich seiner Hochzeitsfeierlichkeiten in Leipzig aufführen: Vier Zinkenisten und zwei Ziegenreiter als Affen. Blatt 21 aus der »Kontrafactur des Ringrennens« unter Kurfürst August zur Fastnacht 1574. Deckfarbenzeichnung. Sächsische Landesbibliothek, Dresden

15 Ansicht von Dresden und Leipzig. Nach Dresden begab sich Wilhelm von Oranien im Dezember 1560, um Anna von Sachsen seine Werbung persönlich vorzubringen. Im Rathaus zu Leipzig fand ein halbes Jahr später die Eheschließung statt. Aus: Georg Braun und Franz Hogenberg, Beschreibung und Contrafactur . . ., Cölln 1575, Band 1, Plan 29. Deutsche Staatsbibliothek, Berlin, Kartenabteilung

Folgende Seite:
16 Die vier Brüder Wilhelms von Oranien: sitzend Johann von Nassau, stehend von links Ludwig, Adolf und Heinrich. Gemälde aus der Werkstatt von Wybradt Symonsz de Geest. Rijksmuseum, Amsterdam

R E S D E N.
DRESA FLORENTISSIMUM MISNIÆ OPP. ILLUST. SAXONIAE DUCUM SEDES
Daß Schlos
Zoll haus
Alte Dreszden
Die Elbe
E I B Z I G K
LIPSIA LITTERARUM STUDIIS ET MERCATURA CELEBRE MISNIÆ OPPIDUM.
Korn hauß
Pauler kloster
S. Nicolai
Vniuersitet
Grimmis Thor

Hochadelsfronde geriet oder gar gemeinsame Sache mit ihr machen würde. Wenn Philipp II. das Anliegen Oraniens energisch vertreten hätte, wäre Christine bestimmt nicht in der Lage gewesen, sich zu widersetzen. Philipp II. teilte Oranien selbst die Ablehnung seiner Werbung mit.

Oranien faßte wenig später einen neuen Heiratsplan und warb im Sommer 1559 während eines Aufenthaltes in Frankreich um die siebzehnjährige Witwe des Herzogs von Enghien. Doch auch dieses Eheprojekt scheiterte an höheren machtpolitischen Interessen: König Heinrich II. von Frankreich verwahrte sich gegen die Einheirat eines Vasallen Philipps II.

Werbung um Anna von Sachsen

Seit dem Herbst 1559 bemühte sich Wilhelm von Oranien um Anna von Sachsen. Die 1544 geborene Prinzessin war die Tochter des 1553 verstorbenen Kurfürsten Moritz von Sachsen, die Nichte des seit dem Tode seines Bruders regierenden Kurfürsten August und die Enkelin des Landgrafen Philipp von Hessen. Sachsen und Hessen stellten die führenden Mächte der Opposition deutscher Reichsfürsten gegen Kaiser Karl V. dar, und Oranien versprach sich durch eine Verbindung mit diesen Fürstenhäusern Unterstützung für seinen Widerstand gegen Philipp II. Außerdem hatte Anna eine Mitgift von 100 000 Talern. So störte es ihn wenig, als ihm berichtet wurde, Anna sei ziemlich häßlich, etwas verwachsen sowie äußerst launisch.

Oraniens Bruder Ludwig und Graf Günther von Schwarzburg unternahmen um die Jahreswende 1559/60 die ersten Schritte der Werbung am Dresdner Hof. Kurfürst August zeigte sich dem Projekt nicht abgeneigt. Er hatte zwar einige Bedenken, weil Oranien Katholik war, doch diese schienen nicht unüberwindbar. Auf die ersten positiven Nachrichten aus Dresden hin bat Oranien Philipp II. als seinen Landesherrn um die Heiratserlaubnis. Philipp übergab die Sache seinem Berater Granvelle zur Prüfung, und dieser erhob schwere Bedenken. Der kluge Politiker hatte offenbar die Absicht erkannt, die Oranien mit einer sächsischen Heirat verfolgte, auch wenn er vordergründig vor allem Vorbehalte gegen die lutherische Konfession Annas geltend machte.

Einspruch Philipps von Hessen

Auch auf der anderen Seite stieß Oranien auf Hindernisse. Kurfürst August hatte mit Landgraf Philipp 1556 vereinbart, Anna nur mit dessen Einverständnis zu verheiraten, und Philipp verweigerte seine Zustimmung zu der Eheschließung mit Oranien. Im Vordergrund der Argumentation des streng lutherischen Landgrafen standen religiöse Bedenken. Einen weiteren gewichtigen Vorbehalt formulierte Philipp in einem Brief an Oranien vom 2. März 1561: »Ferner ist unnsz auch unverborgen, das E. L. albereit vonn irem erstenn Gemahl einem Sohn erzeugt, welcher, alsz der primogenitus[45], vor allenn andern seinemm brudernn, nicht allein im fürstlichen stanndt und nahmen, sondernn auch inn der succession[46] desz Printzthumbs, auch Breda und Diests und anderer vortrefflichenn güter, und wasz sonnst weiter vonn seiner mutter herrüret, den vortzug hatt. Dasz nun die kinder welche vonn eines so vornehmen und mechtigenn Churfürstenn einigenn dochter, mit segenn des Almechtigenn, ertzeugt wordenn, eines ungewissenn nahmens sein, auch E. L. erstgebornner sohn, nicht allein in fürstlichen stanndt und nahmen, irem herkommen zu verkleinerung, sondernn auch in der succession nachgesetzt ... das ist unnsz, als dem groszvatter, zum allerhöchstenn beschwerlichem; tragen auch die vorsorge, da wir so schlecht inn diessze sache gingenn, esz möchte unsz solchs bey andern leuthenn, und sonderlichenn die esz auch mit Hertzogh Moritzen trennlich gemeint, verweiszlich sein.«[47]

Kurfürst Moritz von Sachsen und seine Gemahlin Agnes,
eine Tochter des Landgrafen Philipp von Hessen, Eltern der Anna von Sachsen.
Gemälde von Lucas Cranach d. J., 1559.
Staatliche Kunstsammlungen Dresden, Gemäldegalerie Alte Meister

Doppelspiel

Oranien setzte nun alles daran, einerseits Philipp II., Granvelle und die Generalstatthalterin davon zu überzeugen, daß er ein guter Katholik sei und Anna von Sachsen für den Katholizismus gewinnen werde. Andererseits versicherte er August von Sachsen und Philipp von Hessen, daß er im Herzen immer Lutheraner geblieben sei. Zugleich setzte er all seinen männlichen Charme und seine persönliche Ausstrahlungskraft ein, um Anna für sich einzunehmen.

Nachdem anfangs Ludwig von Nassau und Günther von Schwarzburg seine Emissäre am kursächsischen Hof gewesen waren, ging Oranien Ende 1560 selbst auf Brautschau: Am 17. November nahm er an der Vermählung seiner Schwester Katharina mit Graf Günther von Schwarzburg in Arnstadt teil. Zehn Tage später brach er von dort auf und reiste über Weimar, Naumburg und Zeitz nach Dresden.

Verführungskünste Oraniens

Oranien blieb 14 Tage in Dresden, und dem weltgewandten und gutaussehenden Kavalier war es ein leichtes, Anna mit unaufhörlichen Komplimenten und Beteuerungen seiner Sehnsucht nach ihr in einen wahren Liebestaumel zu versetzen. Das früh verwaiste, körperlich wenig reizvolle sechzehnjährige Mädchen erlag den mit kalter Berechnung eingesetzten Verführungskünsten Oraniens. Diesem wird das Verliebttun gegenüber einem weiblichen Wesen, das bei ihm nicht die geringste innere Regung hervorrief, sicher nicht leichtgefallen sein. Doch wie es Oranien in der Politik immer wieder geschickt verstand, seine wahren Absichten zu verbergen und zuweilen sogar politische Gegner durch sein ein-

Philipp I., der Gutmütige,
Landgraf von Hessen, Großvater der Anna von Sachsen.
Stich von Matthäus Merian d. Ä. Lutherhalle Wittenberg

nehmendes Wesen zu beeindrucken, so überwand er hier seine eigentlichen Empfindungen und heuchelte Liebe, wo es in Wahrheit nur um dynastische und politische Interessen ging. Alle Warnungen vor dem zügellosen Leben Oraniens, alle Gerüchte über die Untreue gegenüber seiner ersten Frau und die dadurch hervorgerufenen Ehezerwürfnisse, die man ihr vorhielt, blieben wirkungslos. Auf solche Vorhaltungen soll sie einmal erwidert haben: »Er ist ein schwarzer Verräter; aber ich habe keine Ader in meinem Leib, die ihn nicht herzlich liebe hätte.«[48]

Mitte Dezember 1560 verließ Oranien Dresden, um über Leipzig zu seinem Schwager Günther von Schwarzburg nach Sondershausen zu reisen. Er konnte sicher sein, Anna für sich gewonnen und beim Kurfürsten August, mit dem er fleißig lutherische Gottesdienste besucht hatte, die religiösen Bedenken weitgehend ausgeräumt zu haben. Als er in Leipzig ankam, erwarteten ihn dort schon drei Liebesbriefe von Anna. So mußte er sich zu einer zärtlichen Antwort bequemen. Da ihm dies offenbar Widerwillen bereitete, ließ er sich den Brief, den er am 17. Dezember 1560 aus Leipzig an Anna schickte, von seinem Bruder Ludwig formulieren und schrieb den Entwurf dann in Reinschrift ab.

Oranien hatte es auch verstanden, die Kurfürstin Anna für sich einzunehmen. An sie richtete er ebenfalls am 17. Dezember ein Schreiben, worin er ihr vorspiegelte, in heftiger Liebe zu Anna entbrannt zu sein, und sie bat, die Eheschließung zu befördern, damit er von seiner Liebespein erlöst werden könne.

Mit dem religiösen Doppelspiel gegenüber Philipp II., Granvelle und der Generalstatthalterin auf der einen und den Verwandten Annas auf der anderen Seite sowie mit seiner geschickten Liebesheuchelei[49] erreichte Oranien schließlich sein Ziel. Der Landgraf Philipp von Hessen blieb zwar bei seiner ablehnenden Haltung, doch Kurfürst August ignorierte dessen Protest gegen den Bruch der Abmachungen von 1556 und stimmte dem Ehevertrag schließlich zu, der am 2. Juni 1561 in Torgau geschlossen wurde. Die Hochzeit sollte am 24. August 1561 in Leipzig stattfinden.

Fürstenhochzeit in Leipzig 1561

Oranien traf sich mit den von ihm geladenen Gästen[50] am 20. August in Nordhausen. Mit einem über 1000 Pferde starkem Geleit nahm er dann seinen Weg über die Goldene Aue in Richtung Leipzig. Kurfürst August kam ihm bis Merseburg entgegen. Am Sonntag, dem 24. August, ritt Oranien zwischen dem Kurfürsten August von Sachsen und Joachim II. von Brandenburg in Leipzig ein. Im Geleit des sächsischen Kurfürsten befanden sich auch der Herzog von Mecklenburg und der Gesandte des Königs von Dänemark. Philipp von Hessen blieb verärgert der Hochzeit fern.

Im Treppenhaus des Leipziger Rathauses wurde Oranien von Anna begrüßt. Es kam sodann zu einer Unterredung in kleinem Kreise. Der sächsische Rat Ulrich Mordeisen verlas ein Papier, für das Oranien bei den Verhandlungen mit Kurfürst August die Unterschrift verweigert hatte. Danach sollte er seiner zukünftigen Frau die Lektüre evangelischer Schriften, den Empfang des Abendmahls in beiderlei Gestalt, also auf lutherische Art, außerhalb der Niederlande und bei tödlicher Erkrankung auch im Hause gestatten. Oranien durfte jedoch Philipp II. keinerlei Angriffspunkte bieten. Er blieb daher vorsichtig, unterschrieb nichts und erklärte lediglich: »Gnädiger Kurfürst; ich erinnere mich wohl dieses Schreibens, und alle diese Punkte, die Doktor Mordeisen verlesen hat, waren darin enthalten. Ich verspreche Euer Gnaden hiermit, daß ich das alles halten will, wie es einem Fürsten gebührt.«[51] Über den Akt wurde ein Protokoll aufgenommen, und alle Anwesenden verpflichteten sich im Interesse Oraniens zu strenger Geheimhaltung.

Um fünf Uhr nachmittags fand im großen Festsaal des Rathauses die Vermählung statt, der das öffentliche Beilager folgte. Das Paar nahm in einem vergoldeten Prunkbett Platz, und Markgraf Johann von Küstrin übergab Anna im Namen des Kurfürsten August förmlich an Oranien, wobei er diesen noch einmal ermahnte, seine Gattin zu lieben und sie beim evangelischen Glauben zu belassen. Nach dem sich anschlie-

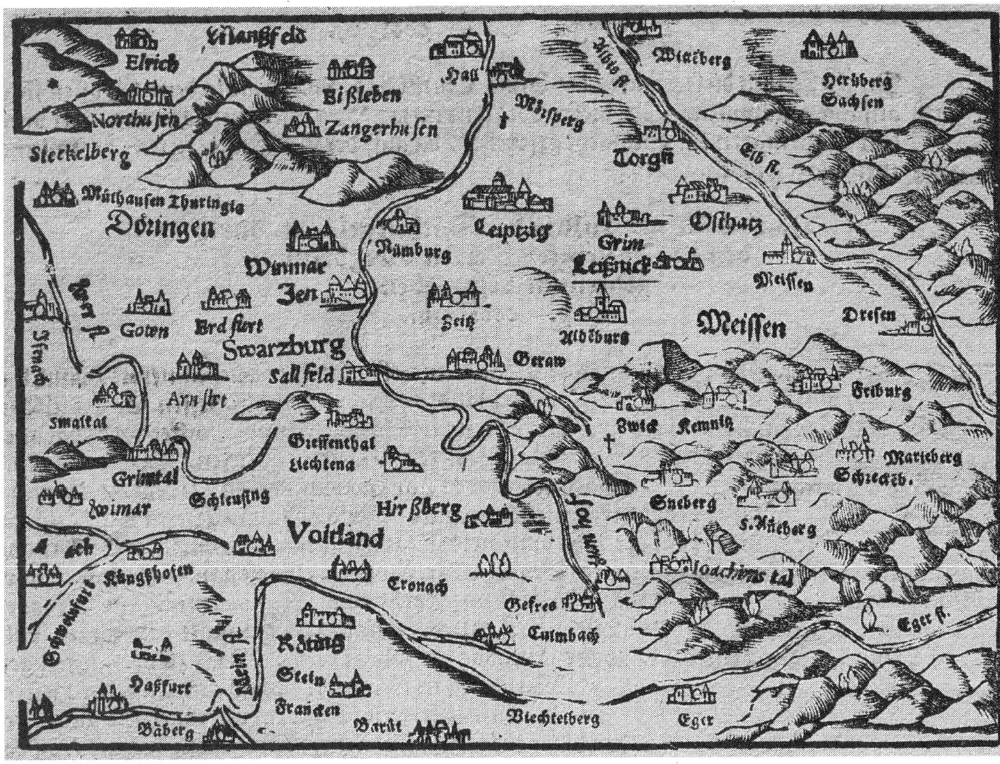

»Thüringer Landtschafft«.
Holzschnitt von 1550
aus: Sebastian Münster, Cosmographie

ßenden Festmahl und einem Ball wurde das Paar zur Brautkammer geleitet.

Am Morgen des 25. August unternahmen die Neuvermählten ihren ersten gemeinsamen Kirchgang in die Nikolaikirche. Dem Gottesdienst schloß sich ein zweites Festmahl im Rathaus an. Es folgten vier Tage mit ausgesuchten Vergnügungen. Leipzig prangte im Festschmuck; jeden Tag fand ein Turnier mit unterschiedlichen Kampfarten statt. Bei diesen Festen war Oranien in seinem Element. Er selbst veranstaltete am Abend des letzten Hochzeitstages ein niederländisches Maskenspiel.

Kirchgang in die Nikolaikirche

Anläßlich der Hochzeit wurden von Gelegenheitsdichtern, die sich für ihre Huldigungen einige Taler erhofften, zahlreiche Hymnen auf das junge Paar gereimt, darunter auch »Ein Lobspruch von den hochloeblichen Thaten und herkommen des durchl. hochgeb. Fuersten und Hrn. Wilhelm Printzen von Uranien und der durchl. hochgeborn. Fuerstin und Froeulein Anna Herzogin zu Sachsen. Als Braut und Braeutigam zu Ehren und unterthaenigen Gefallen gemacht durch Blasium Brun.« Der Schluß des Gedichtes soll von dem Niveau dieser »Poeten« Zeugnis ablegen:

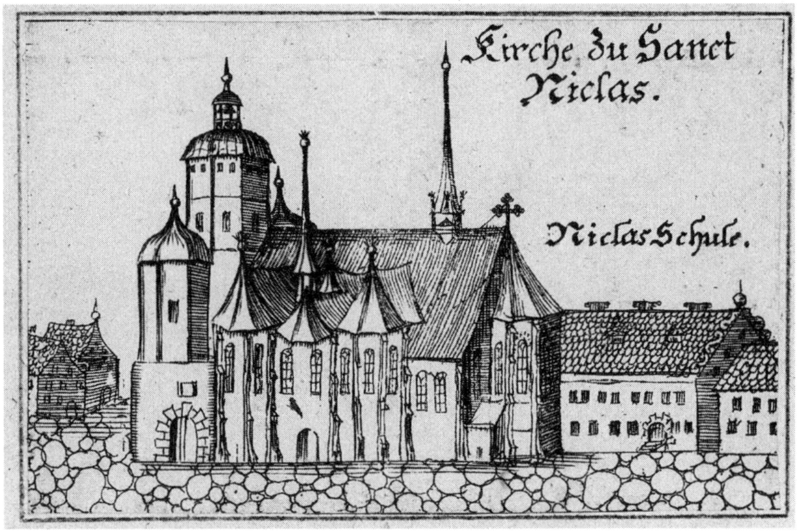

Ansicht der Nikolaikirche von Leipzig.
Federzeichnung, um 1600.
Museum für Geschichte der Stadt Leipzig

»Dieweil nun Eure fuerstliche Gnad
Haben durch Ir Fuerstliche That
Erlangt so große Dignitet[52]
Von beyden Irer Majestet
So hat Gott der Herr auch wollen
Nun furthin sein ein Trost und Freud
Der zuvor gestanden in Leid
Darumb das sie beraubet war
Irer Eltern gantz und gar
Des hochgebornen Freuelein
Herzog Moritz einziges Toechterlein
Dasselb hochloeblich fuerstlich Blut
Weln Ewr Fuerstlich Gn. halten in Hut
Daß Ir kein Unglueck komm zu Hand
Wenn sie kommt in fremde Land
Gott der Herr geb Euch sein segen
Und thu Ewr in Gnaden pflegen
Das wuenschen All in einer Sum
Die wonen im Churfürstenthum.«[53]

Nachfeiern in Dillenburg und Breda

Anfang September verließ Oranien mit seiner Frau Leipzig und begab sich zunächst nach Dillenburg, wo eine Nachfeier stattfand. Über Mainz und 's-Hertogenbosch ging es dann nach Breda, wo der Magistrat und die Bürgerschaft dem jungvermählten Paar am 4. Oktober einen festlichen Empfang bereiteten. Der niederländische Freundeskreis Oraniens fand sich fast vollzählig in Breda ein; noch tagelang dauerten die festlichen Gelage.

Skrupellos und zielstrebig hatte Oranien sein Ziel erreicht und verwandtschaftliche Beziehungen zu mächtigen deutschen Fürsten hergestellt, die er für die Auseinandersetzungen mit Philipp II. als starken Rückhalt ansah. Obwohl er eine reine Vernunftehe mit einer ungeliebten und wenig reizvollen Frau eingegangen war, schien sein Familienleben auf den ersten Blick recht harmonisch zu sein. Anna gebar in schöner Regelmäßig-

Die Kinder aus zweiter Ehe

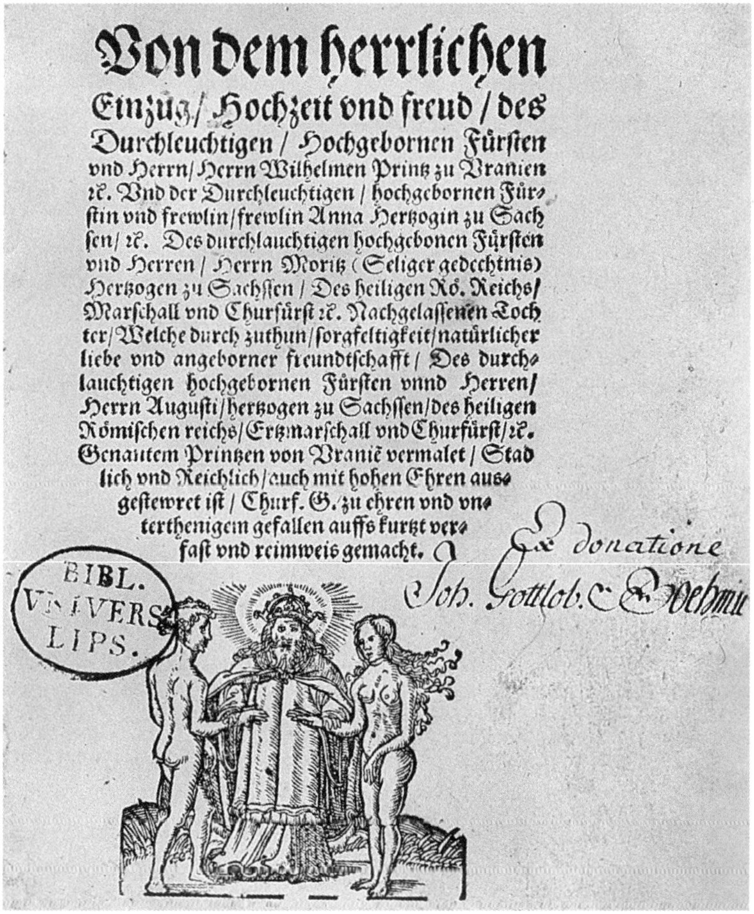

Von dem herrlichen
Einzug/ Hochzeit vnd freud / des
Durchleuchtigen / Hochgebornen Fürsten
vnd Herrn/ Herrn Wilhelmen Printz zu Vranien
ꝛc. Vnd der Durchleuchtigen / hochgebornen Für-
stin vnd frewlin/frewlin Anna Hertzogin zu Sach
sen/ ꝛc. Des durchlauchtigen hochgebonen Fürsten
vnd Herren / Herrn Moritz (Seliger gedechtnis)
Hertzogen zu Sachssen / Des heiligen Rö. Reichs/
Marschall vnd Churfürst ꝛc. Nachgelassenen Toch
ter/Welche durch zuthun/sorgfeltigkeit/natürlicher
liebe vnd angeborner freundtschafft / Des durch-
lauchtigen hochgebornen Fürsten vnnd Herren/
Herrn Augusti/hertzogen zu Sachssen/des heiligen
Römischen reichs/Ertzmarschall vnd Churfürst/ꝛc.
Genantem Printzen von Vranië vermalet / Stad
lich vnd Reichlich/auch mit hohen Ehren aus-
gestewret ist / Churf. G. zu ehren vnd vn-
terthenigem gefallen auffs kurtzt ver-
fast vnd reimweis gemacht.

Ex donatione
Joh. Gottlob. C. Boehmi

Titelblatt einer zeitgenössischen Schrift
über die Hochzeit Wilhelms von Oranien und Annas von Sachsen.
Universitätsbibliothek, Leipzig

keit Kinder: am 31. Oktober 1562 ein Mädchen, das wenige Tage nach der Geburt starb, am 5. November 1563 eine Tochter Anna, am 8. Dezember 1564 einen Sohn Moritz, der schon Anfang März 1566 starb, am 14. November 1567 einen Sohn Moritz, den später berühmten Politiker und Militär, und am 10. April 1569 eine Tochter Emilia.

Zerrüttung der Ehe mit Anna

Die Ehe Oraniens mit Anna von Sachsen erwies sich zwar als fruchtbar, aber auf die Dauer keineswegs von häuslichem Glück gekennzeichnet. Anna, die während der Hochzeitsfeierlichkeiten an der Seite des glanzvollen und von allen bewunderten niederländischen Edelmannes wahrscheinlich in einer Woge des Glücks schwamm, fand sich sehr bald ernüchtert. Schon um die Wende des Jahres 1561/62 wurden Gerüchte über erste ernsthafte Zerwürfnisse zwischen den Jungvermählten laut, die sich immer mehr verdichteten. Es ist bezeichnend, daß es auch bei längerer Abwesenheit Oraniens offenbar keinen Briefwechsel zwischen dem Ehepaar gegeben hat und Oranien seine Frau in seinen zahlreichen anderen Briefen kaum erwähnte. Im Mai 1564 äußerte er gegenüber der Generalstatthalterin Margareta von Parma, seine Frau führe ein eigenartiges Leben, »zuweilen verläßt sie 15 Tage nicht ihr Zimmer« und sei zudem sehr melancholisch.[54]

Ähnliche Aussagen enthält ein an Granvelle gesandter Bericht über die persönlichen Verhältnisse Oraniens vom 25. April 1565: »Niemals verläßt sie ihr Zimmer, weder zum soupieren noch zum dinieren . . . Ihr Zimmer ist nur von Kerzenlicht erleuchtet, weil sie die Vorhänge den ganzen Tag über verschlossen hält.«[55]

Anfang 1565 war die tiefe Zerrüttung der Ehe nicht mehr zu verbergen. Die Gatten schoben sich wechselseitig die Schuld zu. Auf der Tauffeier für ihren ersten Sohn Moritz, die am 3. Februar 1565 in Breda stattfand, beschwerte sich Anna bei Abraham Bock, dem Gesandten ihres Onkels. Sie beschuldigte Oranien, sie nicht nach Gebühr zu behandeln, nicht genug sicherzustellen und alle Personen, mit denen sie gern vertrauten Umgang hätte, von ihr fernzuhalten. Ihre Hauptfeinde seien der Hofmeister Heinrich von Wildberg und Oraniens Bruder Ludwig von Nassau, die ständig bei ihrem Gemahl schlecht über sie reden würden. Nach über drei Jahren geduldigen Leidens könne sie dieses Elend nun nicht mehr ertragen und müsse ihre Verwandten um Hilfe bitten. Ähnliche Klagen richtete Anna brieflich auch an den Landgrafen Wilhelm von Hessen, der ebenfalls ihr Onkel war. Oranien behauptete dagegen, Anna mache ihm das häusliche Zusammenleben durch ihre Launenhaftigkeit, Streitsucht und Unbeherrschtheit zunehmend zur Hölle.

Bemühungen um den Erhalt der Ehe

Den Verwandten Annas war es sehr unangenehm, daß diese Ehezerwürfnisse in den Adelskreisen der Niederlande, des Reiches und darüber hinaus bekannt wurden, und sie versuchten, schlichtend einzugreifen und vor allem Anna zur Zurückhaltung und zum Nachgeben zu bewegen. Wilhelm von Hessen teilte Ludwig von Nassau am 17. August 1565 mit, er habe ein Schreiben an Anna gerichtet, um »i. L. gantz treulich zu ermanen und zu erinneren dasz sich gegen iren hern, mainen vettern und bruder den Printzen, je freundlich und gehorsamlich, wie einer frommen fürstin wol ansthet, wolte verhalten«[56].

Kurfürst August greift ein

Kurfürst August schickte im Mai 1565 seinen Marschall Hans von Loeser in die Niederlande, um eine Beilegung des Ehekrachs zu bewirken. Auch August verlangte von Anna energisch, sich ihrem Manne als ihrem von Gott gesetzten Gebieter unterzuordnen und ihm nicht mehr zu widersprechen. Falls sie kein Einsehen hätte, sollte Loeser erklären, daß der Kurfürst für die Folgen, die sich aus ihrem Verhalten ergeben könnten, nicht einstehen und sie ihrem Schicksal überlassen würde. Nach den eindringlichen Vorhaltungen Loesers schrieb Anna an den Kurfürsten einen demütigen Brief und dankte für die Ermahnungen, die sie in Zukunft strikt zu befolgen gelobte. Lieber wolle sie tot sein, als ihren Verwandten und Freunden weiterhin Schande zu bereiten.

Oranien, dem aus politischen Gründen wohl nichts ungelegener sein konnte als eine Trübung des Verhältnisses zu den Verwandten seiner Frau, versicherte dem Kurfürsten ebenfalls schriftlich, er wolle alles tun, um die häusliche Eintracht wiederherzustellen und zu erhalten. Doch schon gegen Ende des Jahres 1565 spielten

Moritz, der zweitgeborene Sohn Oraniens mit Anna von Sachsen, Nachfolger seines Vaters als Statthalter der Niederlande. Gemälde von Daniel van den Queeckborne. Stichting Historische Verzamelingen van het Huis Oranje-Nassau, Den Haag

sich vor den Augen und Ohren des Hofstaates und vor geladenen Gästen wieder heftige Szenen zwischen den Ehegatten ab. Ein Vertrauter Granvelles schrieb an den Kardinal, Oraniens »häusliches Leid ist so arg und allgemein bekannt, daß jedermann davon spricht. Seine Frau flucht dem Geschlechte, in das sie versetzt wurde, da sie doch den Sohn eines Königs hätte haben können«[57].

Oraniens Sicht der Dinge wird aus einem Schreiben deutlich, das er am 5. Februar 1566 zu Papier brachte. Er wollte dies eigentlich an den Kurfürsten August schicken, ließ es jedoch vorher Anna lesen. Diese fürchtete heftige Reaktionen ihres Onkels, bat ihren Mann inständig, den Brief nicht abzuschicken und gelobte, »so zu leben, daß alle Welt es zufrieden sein würde«[58]. Oranien begnügte sich mit dem Erschrekken und dem Gelöbnis seiner Frau und hielt das Schreiben zurück, in dem es hieß: »Durchleuchticher hogborner Fürst. E. G. werden on zweifel von derselber marschalk verstanden haben wie sich meine hausfrau vor sein ankommen mit mir gelebt hatt und mit was schäntliche worten mein geschlecht und herkommen auszgebrait hat, und das nit allein hinner mich, sonder mir's selbst voer's angesigt gesagt, das ir laid was das sie in ein solche . . . hausz kommen sei . . . Dweil sie sich nuhn fortan besser und gehorsamlich wolt halten, hab ich's auch dabei gelassen, in hoffenung, dweil sie so freundlich von E. G. war ermanet, sie sol dasselbig haben nachgefolget . . . aber nit lang dernach uffenbar im sal, nach dem abentessen, bei beiwesen des Grafen von Horn und andere vom adel, hatt sie die forgange red uffenbar geret und eine solche wesen angericht, das iderman sich verwundert, wie ich die schmeworte die sie mir sagt, kunte leide.«[59]

Klage Oraniens über seine Frau

Fast alle Historiker, zumal die dem Hause Oranien verbundenen niederländischen Geschichtsschreiber, sprachen Anna die Hauptschuld für die zunehmende Zerrüttung der Ehe zu. Typisch ist das Urteil des Oranien-Biographen Felix Rachfahl: »In seiner Begierde, mit den angesehensten und mächtigsten der Fürstengeschlechter Norddeutschlands in Verwandtschaft zu treten, hatte Oranien über den Mangel an Schönheit bei seiner Braut hinweggesehen. Aber in dem mißgestalteten Körper wohnte auch eine mißgestaltete Seele, kleinlich, bösartig, jeder Spur des Hohen und Edlen bar. Bald nach der Hochzeit offenbarte sie dem Gemahle die bösen Seiten ihres Charakters, und in der neuen Heimat traten sie zusehends mehr und mehr zu Tage.«[60]

Es gibt in der Tat genügend Hinweise darauf, daß Anna sehr eigenwillig war. Die Dresdner Hofdame Sophia von Miltitz schrieb zum Beispiel an die Pfalzgräfin Elisabeth über Anna: »E. F. G. werden ja das Freuleins Kopf und synn kennen und yre ferttigkeit wyssen, der warlich sych noch dyssen tack wyder zwyngen noch bereden lassen wyl, sondern techlich hertter wert obber den dyngen so sy ze synne nymet ungeacht aller sachen und großer Fleyß ßo by ijr on gewendt wert.«[61]

Anna, die gebildete und willensstarke junge Frau, hatte sich von dem weltgewandten, von vielen Frauen angehimmelten Charmeur völlig gefangennehmen lassen, sich offenbar tief verliebt und geglaubt, daß ihre Liebe von Oranien ebenso erwidert würde. Um so größer mußte ihre Enttäuschung und Verbitterung sein, als sie bemerkte, daß Oranien in Wirklichkeit mit der Heirat nur politische Ziele verfolgt hatte.

Oranien, der an Frauen mit ganz anderen äußeren Reizen und Erfahrungen im Liebesspiel gewöhnt war, dachte nicht daran, sich nunmehr mit seiner wenig anziehenden Frau zu begnügen und ihr die Treue zu halten. Offenbar suchte er schon sehr bald nach der Hochzeit Abwechslung in außerehelichen Liebesabenteuern und hielt sich auch Mätressen. Kurfürst August und Landgraf Wilhelm äußerten verschiedentlich, Oranien habe wohl für die Ehezerwürfnisse und das ungebührliche Benehmen Annas »durch sein selbst dergleichen aergerliches Leben große Ursachen gegeben«[62]. Im April 1562 bemerkte Kurfürst August in einem Brief an Oranien, es gäbe Gerüchte, Anna befände sich in den Niederlanden in widerwärtigen Umständen; er hoffe aber, daß es ihr besser gehe, als böse Leute ihr wünschten. Anna selbst warf Oranien seine Liebschaften vor: »Zudem mochte sie auch anzeigen, wie sich der prinz gegen die jungfrau im weissen rock und vielleicht andere mehr gehalten.«[63]

Anna war offenbar nicht gewillt, das zu tun, was man in der Adelswelt von der Ehefrau erwartete: Sie zeigte ihre Enttäuschung, begehrte gegen diesen Lebensstil zuerst nur im Kreis der Familie, doch schließlich in aller Öffentlichkeit auf. Oranien und die Verwandten Annas versuchten, sie zu unterwerfen. Zu diesen seelischen Belastungen kamen sicher noch Gewissenskon-

Charlotte de Bourbon, Oraniens dritte Frau.
Gemälde von Daniel van den Queeckborne. Stichting Historische Verzamelingen van het Huis Oranje-Nassau, Den Haag

Louise de Coligny, Oraniens vierte Frau,
Tochter des in der Bartholomäusnacht ermordeten Hugenottenführers Admiral Gaspard de Coligny.
Gemälde von Michiel van Miereveld.
Mauritshuis, Den Haag

flikte. Anna war als strenggläubige Lutheranerin erzogen worden und mußte sich nun mit Rücksicht auf ihren Mann in den Niederlanden als fromme Katholikin geben. An diesem Druck ist die junge Frau zerbrochen.

Durch die Flucht Oraniens vor Alba im Frühjahr 1567 sank die Kurfürstentochter auch in der gesellschaftlichen Stellung. Ihr Mann, soeben noch einer der reichsten Hochadligen der Niederlande, war fast mittellos und auf die Hilfe seiner Nassauer Verwandten in Dillenburg angewiesen. Anna verlor nun jeden inneren Halt. Sie schalt und schlug die Bediensteten, bekam immer häufiger unkontrollierte Wutanfälle, unternahm Selbstmordversuche und ergab sich schließlich dem Trunk. Im August 1568 verließ sie ihren

Mann und ging von Dillenburg nach Köln. Dort traf sie den mit seiner Familie aus den Niederlanden vor dem Terror Albas geflüchteten Antwerpener Rechtsgelehrten und Schöffen Jan Rubens, den Vater des berühmten Malers Peter Paul Rubens. Mit Jan Rubens unternahm sie im Mai 1570 eine Reise nach Kassel, Marburg und Siegen, während der sich eine Liebesbeziehung zwischen beiden entwickelte. Anna gebar ihm am 22. August 1571 eine Tochter, die den Namen Christine erhielt. Rubens war schon Anfang Mai 1571 von Johann von Nassau gefangengesetzt und zum Tode verurteilt worden, später begnadigte er ihn jedoch.

Ehebruch Annas mit Jan Rubens

Trennung von Anna von Sachsen

Anna verfiel zunehmend der Trunksucht, geriet in geistige Verwirrung und mußte in festem Gewahrsam gehalten werden. Ende 1575 holten ihre Verwandten sie aus der Obhut der Nassauer zurück. Die Kinder blieben in Dillenburg, auch die kleine Christine, um deren Erziehung sich die Großmutter Juliana von Stolberg kümmerte. Anna wurde in Dresden von Kurfürst August »eng verwahrt«. In eine fensterlose Kammer des Schlosses gesperrt, vegetierte die geisteskranke Frau noch zwei Jahre lang dahin, durch eine winzige Klappe der Tür erhielt sie Essen und Trinken gereicht. Auf Befehl des Kurfürsten besuchte sie täglich ein Geistlicher, der sie, vor der Tür stehend, an ihre begangenen Sünden erinnern mußte. Anna starb am 18. Dezember 1577 und wurde im alten wettinischen Erbbegräbnis in Meißen beigesetzt.

Die weiteren Ehen Oraniens

Oranien hatte inzwischen ohne förmliche Scheidung von Anna im Juni 1575 Charlotte de Bourbon geheiratet, die einer Seitenlinie des französischen Königshauses entstammte. Aus dieser Ehe – Charlotte starb im Mai 1582 – gingen sechs Kinder hervor, sämtlich Mädchen.

Knapp ein Jahr später, im April 1583, heiratete er wiederum eine Französin: Louise de Coligny, die Tochter des berühmten Hugenottenführers Admiral Gaspard de Coligny, der in der Bartholomäusnacht (23./24. August) des Jahres 1572 umgebracht worden war. Ein halbes Jahr vor Oraniens Ermordung, im Januar 1584, wurde der Sohn Friedrich Heinrich geboren, der später als Nachfolger seines Halbbruders Moritz 1625 Statthalter werden sollte.

Oranien unterschied sich in seiner Haltung zu den Frauen nicht von den meisten Fürsten und Monarchen seiner Zeit. Seine sexuellen Lüste befriedigte er in kurzzeitigen Liebschaften oder indem er sich über längere Zeit Mätressen hielt. Weder die Ehefrauen noch die Mätressen und Geliebten spielten jedoch – und darin unterschied er sich von anderen Angehörigen seiner Klasse – im Hofleben eine besondere Rolle; sie hatten auch keinen Einfluß auf die politischen Entscheidungen und die politische Wirksamkeit Oraniens.

TURNIER UND JAGD

DENN LANGE JAHRE WUCHS ICH IN DER UMGEBUNG DES KAISERS AUF; SOBALD ICH IN DAS WAFFENFÄHIGE ALTER KAM ...; DA HATTE ICH MEHR DIE WAFFEN, DIE JAGD UND ANDEREN ÜBUNGEN IM KOPFE, ... ALS DAS, WAS MIR ZUM HEIL GEREICHTE.[64]

Ritterliche Ausbildung

Dieses Selbstzeugnis Oraniens aus seiner im Jahre 1581 erschienenen »Apologie«[65] verweist darauf, daß die Adelssöhne auch noch im 16. Jahrhundert eine sorgfältige körperliche Ausbildung erhielten, obwohl die Ritterschaft schon im 15. Jahrhundert zugunsten der vorwiegend aus Fußkämpfern bestehenden großen Söldnerheere ihre Monopolstellung im Militärwesen aufgeben mußte. Die jungen Adligen lernten Reiten, wurden im Gebrauch der verschiedenen Hieb-, Stich- und Schußwaffen unterrichtet und in das Weidwerk eingeführt. Sportliche Spiele, die Teilnahme an Turnieren und an der Jagd bereiteten den Adligen nicht nur Vergnügen, sondern dienten auch dazu, ihre körperliche Leistungsfähigkeit und ihre Waffenfertigkeiten möglichst lange zu erhalten. Die militärischen Kenntnisse, die Fertigkeiten im Gebrauch der Waffen und die überlegene körperliche Konstitution waren unter den gesellschaftlichen Bedingungen des 16. Jahrhunderts nicht unwesentliche Voraussetzungen für die Behauptung der eigenen Position.

Die Ausbildung im Reiten und im Fechten begann bereits im Kindesalter; dabei »wurden allgemeinentwickelnde Körperübungen wie Laufen, Springen, Werfen, Klettern und Schwimmen verwendet . . . Das Reiten wurde zur Reitkunst entwickelt und das Fechten mit Schwert, Lanze und Streitkolben zu Pferd und zu Fuß vollkommen beherrscht«[66]. Dem ständigen Training der militärischen Fähigkeiten und Fertigkeiten dienten die Turniere, in denen Ritter und Fürsten den Ernstfall übten.

Ziel und Formen des Turniers

Das Wort Turnier ist französischen Ursprungs und stammt von dem altfranzösischen tornoiier (drehen, Bewegungen machen). In die militärische Terminologie hielt es Einzug als Ausdruck für die wichtige Fähigkeit des Reiters, das Pferd im Lanzen- und Schwertkampf geschickt zu drehen. Im Deutschen entwickelte sich daraus das Verb turnieren, aus dem im 14. Jahrhundert das Substantiv Turnier abgeleitet wurde. Beim Turnier unterschied man im Mittelalter drei Formen: die bloße Vorführung der Geschicklichkeit im Reiten und in der Waffenführung, die Simulierung eines Reitergefechts zwischen zwei Gruppen und die Nachahmung des Zweikampfes von zwei Herausforderern zwischen den Heeren, die »Tjost«[67] genannt wurde.

Beim Gruppenkampf schlugen sich die Teilnehmer mit stumpfen Waffen. Es ging darum, die eigene Formation möglichst geschlossen zu halten und den Gegner abzudrängen. Die »Tjost« war ein Zweikampf in voller Rüstung und Bewaffnung, der bis zur Kampfunfähigkeit des Gegners geführt wurde. Zunächst versuchten die Kämpfer, im Aufeinanderreiten den Gegner mit eingelegter Lanze aus dem Sattel zu heben. Dabei unterschied man zwischen der »juste à plaisance«[68] mit stumpfer Lanze und der »juste à outrance«[69] mit scharfer Lanzenspitze. Konnten sich beide Kämpfer im Sattel halten, setzten sie den Kampf mit dem Schwert oder dem Kolben zu Pferd oder zu Fuß fort – zuweilen endete die Auseinandersetzung erst im Ringkampf. Aus der harmloseren »juste à plaisance« entwickelte sich im Spätmittelalter das »Gestech«, aus der lebensgefährlichen »juste à outrance« das »Rennen«.

Gestech und Rennen

Sowohl beim »Gestech« als auch beim »Rennen« bildeten sich verschiedene Arten heraus. Beim Stechen »im hohen Zeug« saßen die Kämpfer auf einem Sattel mit hohem Vordersteg, an dem ein eisernes Band befestigt war, das den Körper des Reiters umschloß, so daß er nicht vom Pferd fallen konnte. Dadurch bestand beim Stechen »im hohen Zeug« das Kampfziel nicht darin, den Gegner zu werfen, sondern die eigene Lanze an dessen Schild zu zersplittern. Beim »welschen Gestech« erfolgte das Anreiten nicht in freier Bahn, sondern längs einer Schranke, die die Stechbahn teilte. Damit wurde das sonst vorkommende gefährliche Zusammenprallen der Pferde verhindert. Über diese Schranke aus Holz, die Pallia, mußte schräg hinweggestochen werden. Bei allen Rennarten kam es stets darauf an, den Gegner vom Pferd zu stoßen.

Im 16. Jahrhundert büßten die Turniere ihren eigentlichen Zweck, den Kampf Mann gegen Mann zu üben, immer mehr ein. Die Ursache dafür lag vor allem im »Verlust der militärischen Bedeutung der Panzerreiterei sowie der fortschreitenden Entwicklung der Feuerwaffen«[70].

Reit- und Turnierspiele

Die Turniere und die Turniervorbereitungen dienten zwar noch immer der körperlichen Ertüchtigung des Adels, vor allem aber wandelten sie sich »zum Mittel höfischer Repräsentation und Unterhaltung«[71].

Es ist nicht sicher, ob Wilhelm von Oranien in Breda Turniere veranstaltet hat. Fest steht aber, daß er selbst eine gründliche Ausbildung im Reiten und im Turnierkampf erhielt und an Turnieren teilnahm. Briefe von und an Oranien lassen den Schluß zu, daß die Adligen an seinem Hofe den Turnierkampf trainiert haben und daß in Breda Turnierpferde gehalten wurden. So kündigte Oranien am 14. Juli 1561 dem Kurfürsten August von Sachsen an, daß er zu seiner Hochzeit mit Anna in Leipzig mehrere Adlige mitbringen werde, die sich am Palliastechen beteiligen würden. Schon am 10. Juli habe er vier »rengeulle zu der pallya« und einen Zelter[72] zum Scharfrennen an August geschickt. Inzwischen seien ihm noch drei »scharpffrentzelter« angeboten worden, er werde ihre Qualität prüfen und die Pferde, wenn sie gut seien, auch noch nach Leipzig schicken.[73]. Während der Hochzeitsfeierlichkeiten im August fanden in Leipzig dann mehrere Turniere statt, an denen sich Kurfürst August selbst beteiligte und besonderen Ruhm erworben haben soll. Den glanzvollen Höhepunkt bildete ein bei Fackelschein veranstaltetes nächtliches Turnier.

Wie der folgende Auszug aus einem Schreiben Oraniens an Huck von Wildberg, seinen Oberamtmann von Vianden, St. Vith und Daesburg, vom August 1561 zeigt, kümmerte sich der Prinz persönlich um die Aufzucht guter Pferde:

Pferdezucht

»Wir haben unns alhie diessenn sommer ettliche füllenn gutes laistes und arts erziegen lassen, welche wir hinfürters zu vorstehender noturfft gerne

Eislaufen vor der Universität in Leiden.
Aus: Joost van Mijnden van Amstel, Album Amicorum, um 1600.
Universitätsbibliothek, Leiden

wöll ufgefugt sehenn wolttenn. Seindt demnach rhatts wordenn, dieselbige umb härterer gesunderer lufft, weydt- unnd wasserswillen ein zaittlang naher Dagspurg zu schickenn.«[74] Oraniens Pferdezucht besaß einen guten Ruf, und wie schon am Beispiel Augusts von Sachsen zu sehen war, bemühten sich andere Fürsten, Pferde von ihm zu bekommen. Als Oranien im November 1558 bei der Herzogin von Lothringen weilte, überredete diese ihn gar, ihr sein eigenes Reitpferd zu überlassen, so daß er Graf Günther von Schwarzburg bitten mußte, ihm ein neues Pferd zu schicken.

Ballspiel und Eislauf

Sehr beliebt als sportliche Übung waren bei Hofe Ballspiele, von denen das »Federspiel«, ein Vorläufer unseres heutigen Federballs, auch gern von Damen gespielt wurde. Nach einer Schilderung von Hippolyt de Guarinoni, einem um 1600 zu Hall in Tirol praktizierenden Arzt, war das Spielgerät beim Federspiel »nichts anderes als ein hölzernes Kegle, unten rundiert, einer Muskatbirn gleich, darin im obern schmalern Teil zwei, drei oder mehr Federn« stecken. Den Ball schlug man sich mit hölzernen Pritschen zu. Zum Wert des Spiels meinte Guarinoni: »Ist eine lustige und nutze Übung, dabei Füße, Schenkel, Diecher (Oberschenkel), Kniee, Rücken und fast der ganze Leib sanftlich geübt wird.«[75]

Waren die Grachten, Kanäle und Flüsse in Breda und seiner Umgebung gefroren, erfreuten sich die Angehörigen von Oraniens Hofstaat und der Prinz selbst am Eislaufen. Natürlich wurden bei Hofe auch Spiele gepflegt, die nicht der körperlichen Ertüchtigung, sondern nur der Zerstreuung und der Befriedigung der Spielleidenschaft dienten: Brettspiele, wie Schach, Würfelspiele und Kartenspiele. Letztere fanden bei fast allen Zechgelagen statt, wobei Kartenspiele bei Hofe bevorzugt wurden. Eine Vielzahl davon war im 16. Jahrhundert bekannt: Landsknecht, Frauenspiel, das Lang, das Kurz, das Lorzen, der Dickedack, Ofebrusch, Schanzen, Bocken, Spannen und das Karnöffelspiel. Aufschlußreich ist in diesem Zusammenhang ein Brief des Grafen Günther von Schwarzburg an Wilhelm von Oranien vom 11. März 1561, in dem der Graf von einem Treffen protestantischer Fürsten in Naumburg berichtete und dabei auch schrieb, »der Churfürst[76] sammpt anderen Fürsten haben gar ser gespielt: hab auch mit machen müssen, hab mehr volhoren dan gewunnen, doch also zimlich, allein das verdreust mich das es der Landgraf[77] gewunnen hat«. Unter Bezug auf ein früheres Spiel mit Oranien heißt es dann weiter: »Den ringk, so ich kegen E. L. verspielt, hab ich zu Leipzigk kauft, den besten so in der stadt gewesen, hab ihn E. L. zukünfftigenn Gemal zu einem neuen jhar von E. L. geschenckt.«[78]

Kartenspiele

Als höchstes und edelstes Vergnügen galt auch am Hofe Wilhelms von Oranien die Jagd. Die Wälder um Breda waren sehr wildreich, und die zur Jagd gebetenen Gäste kamen der Einladung des Jagdherrn mit Vergnügen nach. Es hatte sich herumgesprochen, daß die Jagdgesellschaften Oraniens wegen der gut ausgebildeten Jäger und Jagdknechte, der ausgezeichneten Hunde, des reichen Wildbestandes und der ausgesuchten Vergnügungen nach der Jagd etwas Besonderes darstellten. Die Jagd endete immer mit einem großen Eß- und Trinkgelage zu Ehren des heiligen Hubertus, des Schutzpatrons der Förster, Jäger und Jagdhunde. Oranien beteiligte sich mit seinem Gefolge auch gern an den Jagden anderer niederländischer Hochadliger und den landesherrlichen Jagden, die zumeist in der damals sehr waldreichen Umgebung von Brüssel abgehalten wurden.

Jagdvergnügen in Breda

War eine große Jagdgesellschaft geladen, so ging es gewöhnlich zur Hetz- oder Parforcejagd[79] auf den Hirsch. Die wesentliche Voraussetzung dafür waren gut gezüchtete, abgerichtete und trainierte Hunde. Besondere Hunde mit guten Spüreigenschaften, die Stöberhunde, suchten die Spur des Wildes auf. Sie wurden nie zur Hetze eingesetzt, sondern gingen nur mit dem sogenannten Besuchsjäger auf die Vorsuche, um den Aufenthaltsort des Hirsches zu erkunden. Die Gesamtheit der zum Verfolgen des Wildes bestimmten Parforcehunde hieß Meute.[80] Zu einer Meute gehörten 50 bis 100 Hunde, meist eine besondere Rasse, die eigentlichen Parforcehunde: Tiere von mittlerer Größe, schwarzweiß gefleckt, gelbbraun oder grau mit kurzem Haar. Zur Meute wurden auch die etwas schlankeren Bracken und die Winte (Windhunde) genommen. Die Winte erwiesen sich wegen ihrer großen Schnelligkeit für die Jagd im offenen Gelände als sehr gut geeignet, für die Hetze im Walde taugten sie allerdings nicht viel, da sie schlecht wittern und fast nur mit dem Auge jagen konnten.

Jagdhunde

Für eine gute Meute war ein erheblicher Aufwand vonnöten. Der Hundestall bildete einen ganzen Gebäudekomplex mit getrennten Abteilungen für die Hetzhunde und die Stöberhunde sowie den Wohnräumen für den Hundeknecht und die Hundejungen, von denen für eine Meute wenigstens vier benötigt wurden. Die Hunde erhielten sorgfältige Pflege und gutes Futter. Sie schliefen auf Bänken, die mit Stroh bedeckt waren, das die Hundejungen täglich wechseln mußten. In den Ställen befanden sich Kamine, diese konnten in den kalten Jahreszeiten, wenn die Hunde oft naß von der Jagd zurückkamen, beheizt werden. Nach der Jagd wurden die Hunde gebadet, frot-

Hunde bei erlegtem Wild.
Gemälde von Jan Fyt.
Staatliche Museen zu Berlin, Gemäldegalerie

tiert, gekämmt und gebürstet; hatten sie sich verletzt, so versorgte der Hundeknecht die Wunden.

Für tragende Hündinnen gab es kleine heizbare Räume, in denen sie auch warfen. Abgesetzte junge Hunde kamen in eine besondere »Kinderstube«. Vor den Hundeställen befand sich der Zwinger, eine eingefriedete, meist mit Rasen bedeckte Fläche, auf der die Hunde frei umherlaufen konnten. Hier erfolgte auch die Fütterung. Oraniens Hundezwinger genoß weithin einen guten Ruf, und immer wieder baten ihn andere adlige Jagdherren um die Überlassung von Hunden zur Aufzucht und zur Aufbesserung ihrer eigenen Meute.

Parforcejagd

Die Parforcejagd erfolgte nach einem geregelten Ablauf und stand unter der Regie des Jägermeisters, dem drei bis vier Pikeure, berittene

Jäger, assistierten. Hatten die Besuchsknechte mit den Stöberhunden das Wild aufgespürt, so meldeten sie die Fährte dem Jägermeister. Dieser ließ die besten Hunde auf die Fährte anlegen, um den Hirsch aus seinem Stand aufzusprengen. Sobald der Hirsch erschien, wurde die Meute unter dem Blasen des Anjagdsignals losgelassen, die Jäger setzten zu Pferde der kläffenden Meute nach, und die Hetze begann. Gewöhnlich war der Hirsch nach zwei bis drei Stunden ermüdet, zuweilen konnte er aber auch erst nach sechs bis acht Stunden gestellt werden. Diese Hetze war eine schlimme Quälerei für das Wild; aber auch die Pferde wurden nicht selten so abgetrieben, daß sie erschöpft zusammenbrachen.

Konnte der Hirsch nicht mehr fliehen, so stellte er sich der Meute. Der Fürstenruf wurde geblasen und rief die ganze Jagdgesellschaft herbei. Mitunter gab es noch dramatische Kämpfe des Hirsches mit den Hunden und den Jägern. Zumeist war das gequälte Tier aber so erschöpft und apathisch, daß der Jagdherr ohne größere Mühe den Fang geben konnte, das heißt, den Hirsch durch einen Stich mit seinem Hirschfänger in die Herzkammer hinter dem linken Blatt tötete.

Nun erfolgte die Aufteilung der Preise. Den rechten Vorderlauf, den Ehrenlauf, bekam der Jagdherr und befestigte ihn am Griff seines Hirschfängers. Die anderen drei Läufe erhielten die vornehmsten Jagdgäste. Dann wurde der Hirsch aufgebrochen, und die Pikeure bekamen ihren Anteil am Wildbret. Das Rippenfleisch und die Eingeweide erhielt die Meute als Belohnung zum Fraß.

Das Jagdlehrbuch des Petrus de Crescendiis

Auch Hetzjagden auf andere Wildarten fanden statt. Die Hunde waren stets auf ein besonderes Wild »eingejagt« – so gab es zum Beispiel Dachshunde, Fuchshunde und Saurüden. In dem Jagdlehrbuch, das der Italiener Petrus de Crescendiis zwischen 1304 und 1309 verfaßte und das im Mittelalter und in der frühen Neuzeit sehr verbreitet war, findet sich unter der Überschrift »Wie man wildt fanget und züm erste mit hunden!«[81] eine Beschreibung der verschiedenen Möglichkeiten, mit Hunden zu jagen.

Neben der Hetzjagd mit Hunden und Pferden gingen die Herren natürlich auch auf die Einzelpirsch und schossen mit der Armbrust nach dem Wild. Die edelste Art war aber die Falkenjagd. Falken galten als Symbol der Vornehmheit, und manche Adligen trugen die Vögel in der Öffentlichkeit ständig auf der Hand. Die Jagd mit Hilfe von Raubvögeln – Habicht und Sperber wurden auch benutzt, aber als »unedle« Falken angesehen – tauchte, wahrscheinlich aus Asien kommend, in Europa seit der Völkerwanderung auf.

Die Beize

Schon im Mittelalter erschienen mehrere Lehrbücher über die Jagd mit Raubvögeln; Kaiser Friedrich II. hat selbst ein solches Lehrbuch verfaßt.[82] Große Verbreitung erfuhr im 16. Jahrhundert ein von dem Humanisten Eberhard Tappe geschriebenes Lehrbuch, das 1542 in Straßburg herausgegeben wurde: »Waidwerck und Federspiel. Von der Häbichen unnd Falckenn natur/art/ unnd eygenthumb/ wie man sie berichten/ gewehren/ ätzen/ unnd vor allen jren kranckheyten soll erledigen/ Allen Häbich/ und Falcken tregern vast nötig unnd zu wissen nützlich.«[83]

Die Abrichtung der Vögel war sehr mühevoll und zeitaufwendig und für die Tiere eine Quälerei. Zunächst wurde der Vogel verkappt, so daß er nichts mehr sehen konnte, und mit Lederriemen gefesselt. Er erhielt 24 Stunden keine Nahrung. Darauf nahm ihn der Falkner auf die Faust, kappte ihn ab und bot ihm eine Taube an. Wollte er nicht kröpfen, wurde er wieder verkappt und mußte weitere 24 Stunden hungern. Diese Prozedur setzte sich fort, bis der Vogel auf der Faust kröpfte. Nun versuchte der Falkner, den Falken

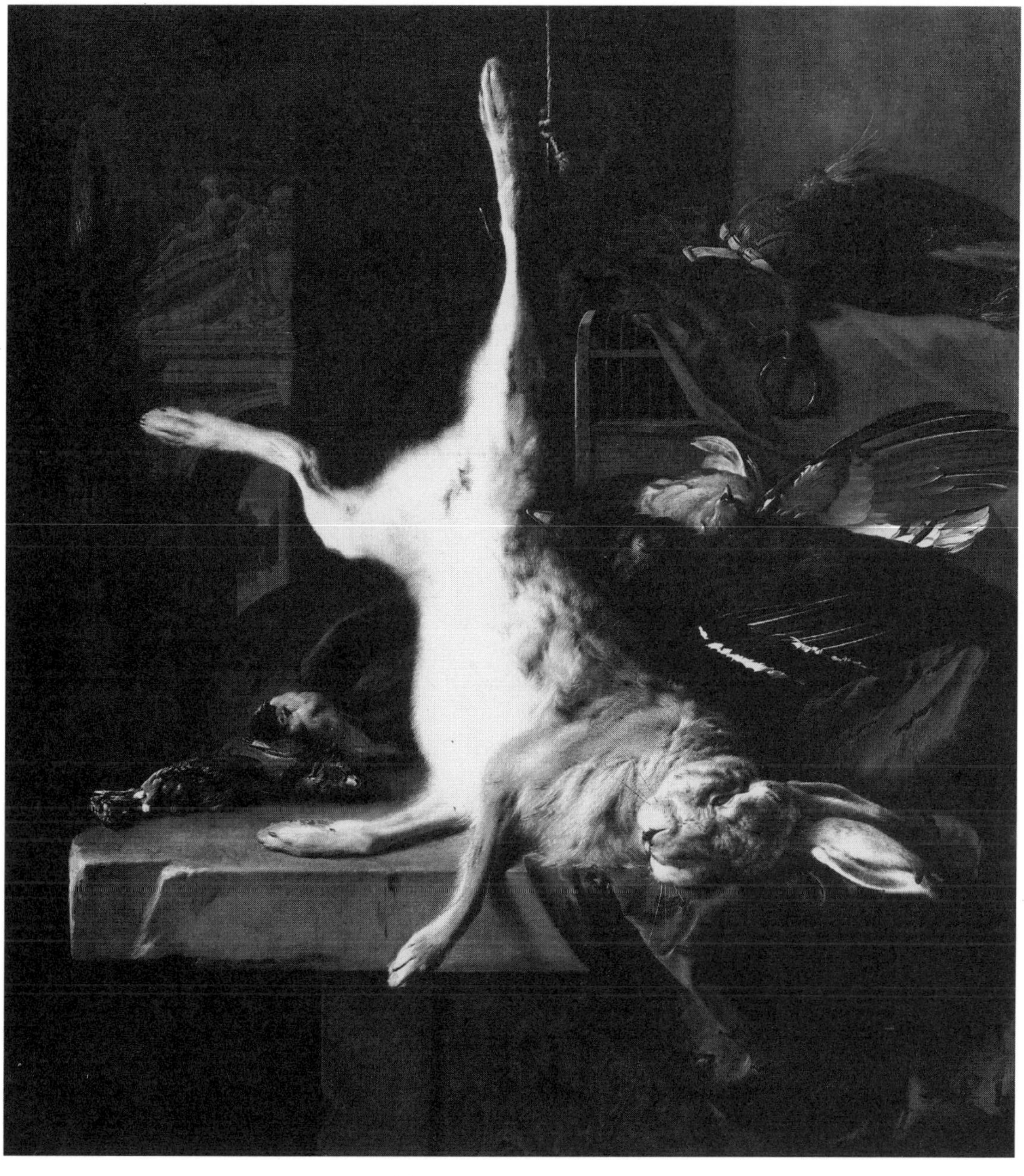

Stilleben mit totem Hasen und Vögeln.
Gemälde von Jan Weenix d. J.
Staatliche Museen zu Berlin, Gemäldegalerie

in einem geschlossenen Raum dahin zu bringen, auf seine Faust zu fliegen und zu kröpfen. War ihm dies gelungen, setzte er den Vogel in einen schwebenden Reifen und band ihn daran fest. Gehilfen des Falkners hielten den Reifen drei Nächte lang in Bewegung und hinderten den Falken so am Einschlafen. Dadurch wurde der Falke völlig gebrochen und gehorchte fortan dem Menschen blindlings.

Die Reiherbeize

Als Krone der Beize, der Jagd mit Raubvögeln, galt die Reiherbeize. Der Ausritt glich einem festlichen Aufzug. An der Spitze ritt der Oberfalkenmeister, dem Pauker und Trompeter folgten. Hinter der Musik kam die Jagdgesellschaft, danach die Falkner mit den Vögeln auf dem Handschuh. Beizhunde stöberten die Reiher auf. Wenn diese aufflogen, wurden die Falken abgekappt, die blitzschnell höher als die Reiher stiegen und von oben auf sie herabstießen. Die Reiherfedern vom Hinterkopf der erlegten männlichen Tiere standen als vornehmste Trophäe dem Jagdherrn zu.

Die Falkner aus Flandern und Brabant galten als die besten in Europa, und Oraniens Falknerei war weithin hoch angesehen. Von zahlreichen Fürsten wurde Wilhelm um Unterstützung bei der Ausbildung von Falknern oder um ausgebildete Vögel gebeten. Als Kuriosum sei vermeldet, daß König Christian III. von Dänemark am 23. Oktober 1556 Oranien mitteilte, in seinem Lande habe man einen entflogenen Falken gefangen, der einen Ring mit Oraniens Namen trug. Der König versprach, den Vogel mit einem Falkner nach Breda zurückzuschicken.

Die Jagd endete mit dem Ordnen der erlegten Tiere. Das Begutachten der »Strecke« gab schon einen Vorgeschmack kommenden Vergnügens; denn das Wild kam in die herrschaftliche Küche, und einige Stücke wurden schon zum abendlichen Jagdschmaus zubereitet und aufgetragen.

Vorhergehende Seite:
17 Die Wildschweinjagd.
Gemälde von Peter Paul Rubens, um 1618 bis 1620.
Staatliche Kunstsammlungen Dresden, Gemäldegalerie Alte Meister

18 Ritter im Turnierkampf.
Gemälde von Heinrich Göding d. Ä., Ende 16. Jahrhundert.
Historisches Museum, Dresden

19 Turnierfahne Wilhelms von Oranien.
Kunsthistorisches Museum, Wien

1558

20 Der Falkenjäger.
Gemälde von Frans Floris de Vriendt.
Herzog Anton Ulrich-Museum, Braunschweig

21 Landschaft mit Hirschjagd.
Unbekannter flämischer Meister, Anfang 17. Jahrhundert.
Staatliche Museen zu Berlin, Gemäldegalerie

22 Weinkanne Wilhelms von Oranien.
Zinn, 16. Jahrhundert.
Illustre Lieve Vrouwe Broederschap, 's-Hertogenbosch

23 Herrschaftliche Küche im 16. Jahrhundert.
Die Darstellung zeigt nicht nur die Gerätschaften,
die in der Küche Verwendung fanden,
sondern auch die Vielfalt der Früchte und Tiere,
die für das festliche Mahl zubereitet wurden.
»Die Hochzeit von Cana«.
Gemälde von Ludger tom Ring d. J. Kriegsverlust

Folgende Seite:
24 Frauenbildnis.
Es zeigt die Dame in der typischen
spanischen Frauentracht, streng frisiert,
mit Halskrause, spitzenbesetzten Stulpen
und eingezwängt in das enge Korsett.
Gemälde vom Nachfolger des Michiel van Miereveld.
Staatliche Museen zu Berlin, Gemäldegalerie

ÆT. SVA. 22
A°. 1627

ESSEN UND TRINKEN, MODE UND TANZ

VIELE DEUTSCHE FÜRSTEN UND NICHT WENIGE EUROPÄISCHE MONARCHEN SAHEN IN DEN GLANZVOLLEN FESTEN WILHELMS VON ORANIEN MIT IHREN KÖSTLICHEN SPEISEN UND GETRÄNKEN SOWIE ANGENEHMER UNTERHALTUNG NACHAHMENSWERTE BEISPIELE.

Vorbereitungen zu einem Festmahl

Am 12. Dezember 1553 fand anläßlich der Taufe von Oraniens Tochter Maria in Breda ein großes Festmahl statt, an dem auch die Generalstatthalterin Maria von Ungarn teilnahm. Schon lange vor dem Fest hatte der Chefkoch mit seinen Vorbereitungen begonnen. Was aufgetafelt werden sollte, verdeutlichen die Bestellungen, die der Küchenmeister zwischen dem 3. und 12. Dezember 1553 aufgab: 30 Lammkeulen zum Einsalzen, 18 Keulen für Pasteten, 26 Rohrdommeln, 101 Trappen, 3 Reiher, 15 Schwäne, 18 Pfaue, 1 Hirsch, 51 Waldschnepfen, 163 Rebhühner, 6 Hasen, 60 Kaninchen, 362 Regenpfeifer, 198 Krickenten, 26 Puten, 35 Fasanen, 6 Birkhühner, 200 Hühner, 92 Kapaunen, 74 Enten, 4 Kälber, 1100 Flußkrebse, 33 Forellen, 50 Forellenpasteten, 8 Sahneforellen, 89 geräucherte Zungen, 11 Mainzer und 33 westfälische Schinken. Dazu kamen große Mengen Gewürze, Südfrüchte, Zuckerwerk, Marzipan, Nüsse und viele Fässer Wein.

Diese Bestelliste gibt auch Hinweise auf die Eßgewohnheiten an den Fürsten- und Hochadelshöfen im 16. Jahrhundert. Es wurde sehr viel Fleisch verzehrt, darunter Arten, die unserem heutigen Geschmack sehr fremd vorkommen, wie Schwäne, Reiher oder Regenpfeifer. Sehr beliebt waren Fische, die frisch, gesalzen, geräuchert oder getrocknet gegessen wurden. Bei großen Prunkmahlzeiten gab es in der Regel drei Gänge, jeder Gang bestand wiederum aus mehreren Gerichten. »Ein new Kochbuch« des Marx Rumpolt, das 1581 in Frankfurt am Main erschien, gab auch eine Anleitung, »wie man herrliche große Bancketer . . . ordentlich anrichten und bestellen« kann.[84] Danach sollten bei einem kaiserlichen Mittagsmahl im ersten Gang 27, im zweiten Gang 30 und im dritten Gang 87 Gerichte serviert werden. Anläßlich der Taufe von Oraniens Sohn Moritz am 3. Februar 1565 in Breda gab es vier Gänge, von denen der erste aus 21, der zweite aus 27, der dritte aus 17 und der vierte aus 28 Gerichten bestand, wie der »Kurze summarische bericht, wie die kinttauf zu Breda ist angestellt worden« des sächsischen Gesandten Abraham Bock sorgfältig vermerkt.[85] Natürlich konnten die Teilnehmer solcher Prunkmahlzeiten nicht von allen Speisen essen. Jeder der Gäste nahm das, was auf der langen Tafel vor ihm stand.

Das Würzen der Speisen

Fast alle Gerichte wurden, wie schon im Mittelalter üblich, scharf gewürzt. Die beliebtesten

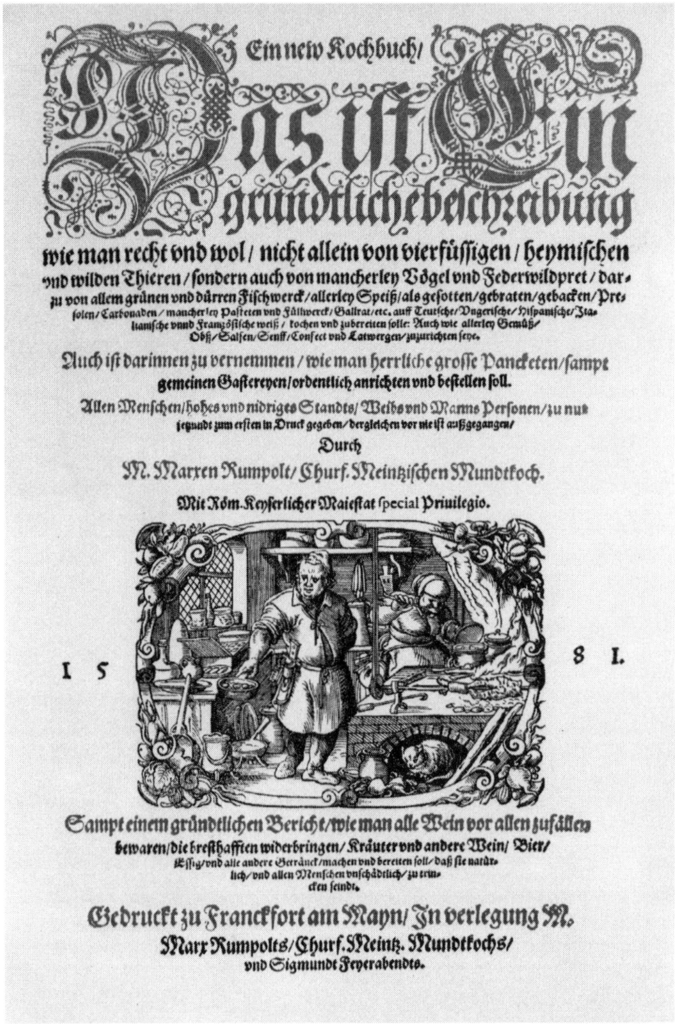

Ein new Kochbuch/

Das ist Ein grundtliche beschreibung wie man recht vnd wol/ nicht allein von vierfüssigen/ heymischen vnd wilden Thieren/ sondern auch von mancherley Vögel vnd Federwildpret/ darzu von allem grünen vnd dürren Fischwerck/ allerley Speiß/ als gesotten/ gebraten/ gebacken/ Presolen/ Carbonaden/ mancherley Pasteten vnd Füllwerck/ Gallrat/ etc. auff Teutsche/ Vngerische/ Hispanische/ Italianische vnnd Frantzösische weiß/ kochen vnd zubereiten solle: Auch wie allerley Gemüß/ Obß/ Salsen/ Senff/ Confect vnd Latwergen/ zuzurichten seye.

Auch ist darinnen zu vernemmen/ wie man herrliche grosse Pancketen/ sampt gemeinen Gastereyen/ ordentlich anrichten vnd bestellen soll.

Allen Menschen/ hohes vnd nidriges Standts/ Weibs vnd Manns Personen/ zu nutz jetzundt zum ersten in Druck gegeben/ dergleichen vor nie ist außgegangen/

Durch

M. Marxen Rumpolt/ Churf. Meintzischen Mundtkoch.

Mit Röm. Keyserlicher Maiestat special Priuilegio.

15 81.

Sampt einem gründtlichen Bericht/ wie man alle Wein vor allen zufällen bewaren/ die bresthafften widerbringen/ Kräuter vnd andere Wein/ Bier/ Essig/ vnd alle andere Getränck/ machen vnd bereiten soll/ daß sie natürlich/ vnd allen Menschen vnschädtlich/ zu trincken seindt.

Gedruckt zu Franckfort am Mayn/ In verlegung M. Marx Rumpolts/ Churf. Meintz. Mundtkochs/ vnd Sigmundt Feyerabendts.

Ein new Kochbuch vom Churf. Meintzischen Mundtkoch Marx Rumpolt.
Titelblatt des Faksimiles nach der 1581 in Frankfurt am Main erschienenen Ausgabe

Gewürze waren Pfeffer, weißer und schwarzer Ingwer, Anis, Kümmel, Zimt, Nelken, Muskatnuß und Safran. Brühen und Tunken sollten so scharf sein, daß sie im Munde rauchten. Auch Zwiebeln und vor allem Knoblauch wurden reichlich beigegeben.

In der Fastenzeit und an den Freitagen untersagte die katholische Kirche den Verzehr von Fleisch. Dieses Verbot zwang jedoch nicht zum Verzicht auf kulinarische Genüsse, wie das folgende Fastenmenü aus dem im Jahre 1391 zuerst erschienenen Kochbuch »Le Mengier de Paris«

belegt: »Erster Gang: Gebratene Äpfel; große Feigen aus der Provence, gebraten mit Lorbeerblättern; Kressesalat; flüssiges Erbsenpüree; gesalzener Aal; Fettheringe mit gebratenen See- und Süßwasserfischen garniert. Zweiter Gang: Karpfen; Hechte; Seezungen; Rötlinge; Lachs; Aal und eine fleischlose Pastete. Dritter Gang: Junge gebratene Aale; gebratene Wittlinge; Tümmler in Saft und Weizengries; Pfannkuchen und fleischlose Pasteten.«[86]

Fasten-mahlzeiten

Meisterköche

Wilhelm von Oranien achtete auf ein ausgesuchtes Küchenpersonal. Seine gute Küche war weithin bekannt, und Köche von vielen Fürstenhöfen wurden zur Vervollkommnung ihrer Künste nach Breda geschickt. Selbst König Philipp II. bat Oranien einst, ihm einen besonders guten Koch zu überlassen. Die Meisterköche setzten ihren Ehrgeiz darein, einander durch das Ersinnen besonders ausgefallener Gerichte und Saucen zu übertreffen, wobei die angerichteten Speisen nicht nur ein Gaumen-, sondern auch ein Augenschmaus sein sollten.

Königsadler im Federkleid

Als ein besonderes Meisterstück galt das Anrichten und Servieren von Adlern, Pfauen, Schwänen oder Reihern im Federkleid. Sollte ein Königsadler als Höhepunkt des Festmahls aufgetragen werden, so zogen Tranchierer dem Tier zunächst die Haut ab, um Federkleid und Kopf als Ganzes zu erhalten. Dann wurde der Vogel mit Spezereien und Kräutern gefüllt und gebraten. War der Braten fertig, bekam er die Haut mit den Federn wieder übergezogen und den Kopf aufgesetzt; statt der toten Augen erhielt er Glassteine. Damit der so zubereitete Adler aufrecht stand, steckte man Eisenstäbe in die Beine und befestigte sie an einer durch Garnierung verdeckten Platte. Zuweilen wurde noch mit Kampfer getränkte Wolle in die Kehle gesteckt und angezündet und der Vogel dann feuerspeiend aufgetragen.

Pfauen, Schwäne und Reiher erfuhren eine ähnliche Zubereitung. Sollten sie nicht im Federkleid serviert werden, hat man sie einfach gebraten, wobei sie bisweilen mit einer Mischung aus Safran, Eigelb und Brotkrumen gebräunt wurden. Die Köche richteten sie mit Pfeffer und leicht gebräuntem, in Essig und Sauersauce getränktem Brot an. Hasen und Kaninchen wurden mit Vorliebe gebraten und mit einer Würzbrühe serviert, die speziell für diese Wildart bestimmt war. Für diese Brühe wurden kleingehackte Zwiebeln in einer Pfanne mit Speck gebräunt und mit einer Mischung von Rotwein und Essig begossen, in der vorher geröstetes und in Fleischbrühe getunktes Brot zerdrückt worden war. Dazu kamen Zimt, Ingwer und verschiedene Kleingewürze.

Brühen und Saucen

Hirsch- und Rehfleisch verwertete man in der Regel nicht frisch, sondern ließ es stark abliegen. Gespickt mit Gewürznelken wurde es dann in Rinderbrühe und Gewürzwein gekocht. Als Ragout kamen zum Wild die Geilen, die Hoden der männlichen Tiere, auf den Tisch, und die Herren haben sie mit Behagen gegessen, da sie glaubten, sie würden die eigene Potenz damit stärken. Als hochgeschätzte Delikatesse galten auch die Augen der Tiere. Zum Wildbret reichte man in gesonderten Schalen die »Schwarze Sauce«, die aus aufgeweichtem Röstbrot, Essig und gestoßenem Pfeffer bereitet und mit Bohnen und Erbsen angedickt wurde. Eine besondere Variante der Schwarzen Sauce war die Höllensauce: Trauben zusammen mit dem Blut und der Lunge eines Wasservogels zerdrückt, dazu gemahlenen Pfeffer und in Essig getränktes Brot, Ingwer, Zimt und andere Gewürze. Das Ganze mußte unter ständigem Umrühren eine halbe Stunde kochen.

Man bereitete auch eine Art Worcestersauce auf folgende Art: In ein Holzgefäß kamen als unterste Schicht Küchenkräuter, darauf zerhackter

Fisch, der etwa zwei Finger dick mit Salz bedeckt wurde. Diese Packung blieb sieben Tage lang stehen und wurde dann 20 Tage lang täglich einmal bis auf den Grund umgerührt. Danach gab man gestoßene Pfefferkörner, Zimt, Wein und Honig hinzu, kochte diese Mischung gut durch und ließ sie schließlich in einem Sack ablaufen.

Taubenpastete

Sehr beliebt waren Taubenpasteten, für die ein Rezept überliefert ist: »Man macht einen Mürbteig (Eier, Mehl, Butter, Dotter), gibt ihm die Form einer Pastete, bestreut den Boden mit einigen Fleischklößchen aus Kalbsschlegel und Speck, Mark und Rinderfett, würzt mit Salz, Pfeffer, Muskat, legt die Tauben darauf, dazu zerdrückten Speck, ein Päckchen Gewürze, ein Stück frische Butter bedeckt mit dem gleichen Mürbteig. Mit Eigelb bestreichen und eineinhalb Stunden backen. Vor dem Servieren nimmt man das Gewürzpaket heraus, bespritzt mit Essig und gibt geschnittene Pistazien dazu.«[87]

Das Kastell von Breda und der Hof von Nassau sahen rauschende Feste mit auserlesenen kulinarischen Genüssen. Landgraf Philipp von Hessen schrieb am 26. April 1561 in einem Brief an den Kurfürsten August von Sachsen über Oranien: »Das er einen grossen prechtlichen standt helt, glauben wir woll, habenn auch gehört das er ein grosz Pancket gehabt, da Dischdeucher, Thelern und anders alles Zucker gewesenn.«[88] Hielt sich Oranien in Brüssel auf, so standen in allen Ecken seines Palastes Tafeln mit erlesenen Speisen, von denen sich seine Gäste bedienen konnten.

Getränke

Als Getränke reichte man vor allem Wein – üblich war roter, seltener weißer – und Bier, Branntwein kam im 16. Jahrhundert erst allmählich auf. Wein wurde nicht wie heute in Flaschen, sondern in Fässern verwahrt. Die Kellermeister achteten sorgfältig darauf, daß jeder der servierten Weine aus einem vollen, soeben angezapften Fasse gezogen wurde, um ihn in bester Qualität auf den Tisch zu bringen.

Tischsitten

Der Gebrauch der Gabel war im 16. Jahrhundert noch weitgehend unbekannt, sie setzte sich erst im 17. Jahrhundert durch. Man löste von dem Gericht ein Stück mit dem Messer und aß es dann mit den Fingern; wer elegant sein wollte, hielt es mit drei Fingern. Um Finger und Mund abwischen zu können, lag über dem linken Arm oder der linken Schulter eine – oft parfümierte – Serviette, die an vornehmen Tafeln nach jedem Gang gewechselt wurde. Über das Verhalten an der Tafel gibt ein Lehrbuch des Erasmus von Rotterdam für die vornehme Jugend[89] Auskunft, in dem es heißt: »Mit den Fingern in die Brühe hineinzutauchen, ist ungebildet. Es ist wenig schicklich, die gemeinsame Schüssel zu drehen, damit die besten Stücke an Dich kommen. Bringe nicht den Becher an die Lippen, ehe du sie mit der Serviette abgewischt hast. Trinke mäßig schlürfend, nicht in dich hineinschluckend mit dem Geräusch eines Pferdes. Es ist nicht fein, die Speisen aus dem Mund herauszunehmen und auf das Brot zu legen. Wenn man zufällig etwas genommen hat, was man nicht verschlucken kann, dann soll man sich vom Tisch abwenden, die Serviette vorhalten und es wegwerfen, ohne andere Gäste zu belästigen.«[90]

Ein großes Festmahl erforderte natürlich eine sorgfältige Vorbereitung und Planung des Ablaufs. Wie groß allein der Personalaufwand war, kann man der Schrift »Banchetti« des Italieners Christforo di Messisbugo entnehmen, die im 16. Jahrhundert als eine Art Lehrbuch für die Durchführung von Banketten galt:

Personalaufwand für ein Festmahl

»Ein oberster Seneschall mit zwei Helfern, derer einer für das Decken des Tisches, der andere für das Auf- und Abtragen der Speisen zu sorgen hat. Einer mit einem Verzeichnis, der die Buffets überwacht und die Gewürze, Konfekt,

Musikanten als wilde Männer und Frauen verkleidet.
Blatt 46 aus der »Kontrafactur des Ringrennens« unter Kurfürst August zur Fastnacht 1574.
Deckfarbenzeichnung. Sächsische Landesbibliothek, Dresden

kalte Speisen, Zitronen, Oliven, Rosinen, je nachdem sie auf seiner Liste vermerkt sind, bestellt.

Ein Seneschall für die Frauen außerhalb der Haupttafel mit einem, der das Buffet versorgt, und einem Speisenträger mit zwei Gehilfen.

Ein Seneschall, Buffetgehilfe, Speisenträger, Brotverwalter und Spülmeister für das Gesinde.

Speisen- und Getränketräger für die Haupttafel mit ihren Gehilfen, die hin- und hereilen, um Weine und Wasser, leere Teller und andere Dinge ab- und zuzutragen.

Ein Mann mit seinen Gehilfen, der die Tische stellen und säubern, den Boden aufwischen, kehren und mit Parfüm besprengen läßt.

Zwei Mann, die alles Material in einer Speisekammer sammeln und eine Liste über alle Eingänge führen.

Zwei, die dafür sorgen, daß die Teller abgenommen und in die Küche gebracht werden, mit ihren Trägern.

Ein paar Leute, die Getränke eingießen und stets im Festsaal bleiben, auch wenn die anderen in die Küche gehen.

Personen, die die Speisen vom Tisch abtragen und die dabei mehr an die Ehre ihres Herrn als an ihren eigenen Nutzen denken mögen.

Ein Türhüter mit Gehilfen.

Spülmeister mit einem Jungen, der immer in der Spülküche bleiben muß.

Einer, der dafür sorgt, daß, wenn der Herzog ißt, oder, wenn kein Herzog oder anderer Fürst anwesend ist, wenn die Haupttafel ißt, auch die Pfeifer zu essen bekommen.

Eine Person von Rang, die die Edelleute und vor allem die Damen empfängt, und bei Nacht Jungen mit brennenden Fackeln.

Zwei Aufpasser, die dafür sorgen, daß die Speisen von der Küche auch auf den Tisch kommen.

Ein Oberkoch.

Andere Köche mit Gehilfen, Aufwärtern und Holz- und Wasserträgern.

Putzjungen.«[91]

Musik und Mummereien

Zum Festmahl musizierte eine Kapelle, in der vorwiegend Blasinstrumente gespielt wurden: Trompeten, Posaunen, Hörner, Schalmeien, Zinken und Flöten. Aber auch die Klänge der Laute, der Fidel und der Viola da Gamba konnte man hören. Zur Erheiterung der Gäste wurden »Mummereien« aufgeführt, wobei in phantasievolle Kostüme und Masken gesteckte Männer und Frauen exotische Szenen aus fremden Ländern darstellten, Märchen und Sagen lebendig werden ließen oder einfach mit Narreteien, zuweilen sehr derben Scherzen und erotischen lebenden Bildern die Festteilnehmer zu amüsieren suchten.

Die glanzvolle Hofhaltung Wilhelms von Oranien war für viele Fürsten ein nachahmenswertes Beispiel, und nicht wenige erbaten von dem niederländischen Hochadligen Hilfe bei der Gestaltung eigener Feste. Als Oranien im August 1561 zu seiner Hochzeit mit Anna von Sachsen nach Leipzig kam, ersuchte ihn Kurfürst August, während der Hochzeitsfeiern niederländische Mummereien aufführen zu lassen, da man dies in Sachsen nicht so gut könne.

Dreifachhochzeit in Dillenburg

Auch Oraniens Eltern baten verschiedentlich um Rat und Hilfe bei der Veranstaltung von Festen, so auch für die Dreifachhochzeit am 16. Juni 1559 in Dillenburg, bei der Oraniens Bruder Johann von Nassau die Grafentochter Elisabeth von Leuchtenberg heiratete und seine Schwestern Anna und Elisabeth die Grafen Albrecht von Nassau-Weilburg beziehungsweise Conrad von Solms-Braunfels. Juliana von Stolberg schrieb am 2. April 1559 an Oranien: »Hertzlieber Son, es bitten mein her und ich, E. L. gantz freundlich, sie sollen uf das feorderlichst den hofmeystter Wilprichten[92] und Hermann Kochen[93] eruf schicken, das sie helffen rotten[94] und anschlagen, wie es zu den hochzeitten sol zugericht und geordert werden; auch was dozu von reotten wil sein, dan wortlich mein her nimantz haben, der sichs verstet; so wert es S. L. zu schwer alles selbst zu verordnen. Hertzlieber Son, E. L. bitten ich seunderlich, E. L. weollen sie balt erufschicken, das mein her fillen sorg überhaben meog.«[95]

Offenbar war diese Bitte am 2. April nicht zum ersten Mal geäußert worden, denn am 28. April wandte sich der alte Graf Wilhelm etwas verärgert an seinen Sohn: »Ich hab E. L. nuhn so offtmals umb Iren hofmaister Heinrichen von Wiltperg unnd Herman Koch geschrieben unnd gebetten, das E. L. mir dieselbigen zu anstellung und verordnung künftigen hochzeitlichen tags heruffschicken wollen, aber bisz noch gar kain antwort davon bekommen . . .«[96]

Wasser macht müde

Die Festtafeln in Breda und am Hofe von Nassau in Brüssel endeten zumeist mit wilden Trinkgelagen. Die Eß- und Trinklust Oraniens war allgemein bekannt. Immer wieder animierte er seine Gäste, zum Becher zu greifen, und verkündete ihnen sein Prinzip, »de ne boyr trop d'eau car on s'en nuge«[97]. Dabei kam Oranien zugute, daß er ein sehr trinkfester Mann war – eine nicht unwichtige Eigenschaft bei den Unmengen Wein und Bier, die bei den häufigen Gelagen vertilgt wurden.

Sank ein Kumpan alkoholisiert zu Boden, so schlief er in Breda seinen Rausch wohl meist unter dem Tisch aus. Im Hof von Nassau ließ Oranien dagegen volltrunkene Gäste in das von Albrecht Dürer erwähnte große Bett tragen, wo sie dann ausnüchterten. Nicht immer waren die Zecher aber rechtzeitig auf den Beinen, um ihren Pflichten nachkommen zu können. So geschah es zum Beispiel im Mai 1564, daß die großen Herren, als sie die Generalstatthalterin von der

Lustige Gesellschaft.
Gemälde von Willem Pieterszon Buytewech.
Staatliche Museen zu Berlin, Gemäldegalerie

Messe in der Kirche St. Gudula in Brüssel abholen und in feierlichem Zug zum herzoglichen Palast begleiten sollten, alle noch – oder schon wieder – schwer betrunken waren und sich kaum auf den Beinen halten konnten.

Gelungene Feste bereiteten Oranien Genugtuung. So schrieb er stolz über das Tauffest seines erstgebornen Sohnes Philipp Wilhelm am 22. Februar 1555 an seinen Vater: »E. L. soll ich nit verhalten, das ich meinem jüngsten schreiben

Laute spielender Edelmann.
Kupferstich des Monogrammisten G. W. H. B., 1569.
Staatliche Kunstsammlungen Dresden, Kupferstich-Kabinett

nach nechstvergangenen Sonntags[98] meinen kindtauf mit meinen gevattern alhie gehalten, unnd ist der durchleuchtig hochgeborn fürst, herr Wilhelm, hertzog zu Cleve, Gulch[99] etc., mein freuntlichen lieben herr vetter unnd gevatter, mitsampt der gantzen gesellschaft, so im grossen anzal whar, gantz frolich gewesen.«[100]

Auch wenn sich Oranien auf Reisen befand und als Gast bei anderen Adligen einkehrte, ging es meistens hoch her. Als er von seiner Brautwerbung um Anna von Sachsen Mitte Dezember 1560 die Rückfahrt antrat, führte ihn sein Weg von Dresden über Leipzig zu seinem Schwager Günther von Schwarzburg, wo er sich bis zum 3. Januar 1561 aufhielt. Dann zog er über Nordhausen weiter in Richtung Niederlande, wobei er dem ihm befreundeten Feldobersten Georg von Holl, den Herzögen von Braunschweig und dem Herzog von Kleve Besuche abstattete. Briefe von Oranien lassen ahnen, wie es dabei zugegangen sein mag. Von Graf Günthers Schloß in Sondershausen schrieb er am 25. Dezember 1560 an Kurfürst August von Sachsen: »E. Ld. F. Gn. gesuntheit haben ich neben den anderen Heren so dicke und offt getrunken, das ich mich letzlich schier auf E. L. F. Gn. gesuntheit eine schwachheit erwerckt und geursacht haben sehn muß.«[101]

Unmäßigkeit im Trunk

Am 1. Februar 1561 teilte Oranien dem Feldobersten Holl mit, daß er »Gott lobe, den 25ten vergangenes monatz Januarii frisch undt gesundt zu Breda ankkommen sein, wiewoll wir uns uff unser raisz, wir ir dan bestens wissen tregdt, etwas unmessig gehalten«[102]. Schon zwei Tage vorher hatte er seine Rückkehr Schwarzburg gemeldet: »Ich möchte nicht unterlassen euch anzuzeigen, daß ich in guter Gesundheit angekommen bin, wie ihr in aller Ausführlichkeit von eurem Bruder, dem Grafen Hans Günther, gehört haben werdet.«[103]

Zuweilen kam es vor, daß sich bei den gewaltigen Gelagen jemand regelrecht zu Tode trank – so geschehen bei einem Treffen protestantischer Fürsten Anfang 1561 in Naumburg. Günther von Schwarzburg teilte Wilhelm von Oranien diesen Todesfall am 11. März 1561 mit: »Des Reingraffen bruder hat sich zu Naumburgk von einem Trunk Malfasir den abent übel befunden. Dan ich etliche Fürsten und Gräffen zu gast gehapt, und mehr da getruncken worden dan gessen, hat ihn der Schlagk also baldt gerürt und den tritten tagk verschieden, hat man ihn balsomirt in sine lande gefürt.«[104]

Gespräche im Bett

Natürlich brauchten auch wackere Trinker wie Oranien am Tage nach dem Gelage einige Zeit, um den Rausch auszuschlafen. Vielleicht hängt damit eine Gepflogenheit zusammen, die im 16. Jahrhundert, von Italien ausgehend, in vornehmen Adelskreisen aufkam und vornehmlich von Fürsten gepflegt wurde: Man empfing am Vormittag seine Besuche im Bett liegend. Oranien benutzte dazu im Hof von Nassau das berühmte breite Bett – wenn es nicht noch von Opfern des letzten Gelages belegt war –, auf dem sich vertraute Besucher ebenfalls ausstreckten und auf dem es dann zuweilen zu stundenlangen Gesprächen kam. Selbstverständlich wurden dazu Speisen und ein guter Trank gereicht.

Die spanische Herrenmode

Als Kavalier der großen Welt war Oranien darauf bedacht, nach der letzten Mode gekleidet zu sein, und achtete darauf, daß auch sein Hofstaat modern angezogen ging. An den west- und mitteleuropäischen Höfen hatte sich seit der Mitte des 16. Jahrhunderts die spanische Hoftracht durchgesetzt, die für Jahrzehnte das modische Vorbild blieb. Nach der die Lebenslust betonenden Kleidung der Renaissance bedeutete die spanische Hoftracht eine Rückwendung zu mittelalterlichen Formen. Der spanische Absolutismus verlangte die völlige Unterordnung unter die Herrschaft des Königs, der Adlige wurde zum Höfling des Königs und seine Kleidung zur Hofuniform. Karl V. hatte ein strenges spanisches Hofzeremoniell eingeführt, das sich an das burgundische Vorbild anlehnte. Am Hofe Philipps II. jedoch glich das Zeremoniell einem militärischen Reglement. In der Kleidung trat an die Stelle der bunten Farben die Einfarbigkeit, vor allem das Schwarz. Der Schnitt verlor jede individuelle Note. Die Körperformen verschwanden unter einer für die spanische Tracht typischen Auswattierung. Das Dreieck bildete die Grundform der spanischen Mode. In der Männerkleidung nahm das Wams die Form eines auf den Kopf gestellten Kegels an. Die Taille sollte sehr eng sein, und um dem Ideal möglichst nahe zu kommen, trugen viele Männer ein Korsett. Das Wams hatte eine vorn in der Mitte sich herabsenkende Spitze, den sogenannten Gänsebauch, am Hals schloß es mit einem hohen Stehkragen ab.

Wams und Hose

Hatte das Wams einen kegelförmigen Umriß, so glich die sehr kurze spanische Hose zwei Kugeln und wurde wegen dieser eigenartigen Form

Landsknecht.
Seine Kleidung zeigt deutlich die Schamkapsel als Blickfang.
Kupferstich von Franz Brun.
Staatliche Kunstsammlungen Dresden, Kupferstich-Kabinett

Der Spanier.
Holzschnitt von Hans Weigel d. Ä.
aus dem Trachtenbuch des Jost Amman, Nürnberg 1577.
Sächsische Landesbibliothek, Dresden

»Heerpauke« genannt. Ein besonderes Kennzeichen der west- und mitteleuropäischen adligen Männermode bildete vom 15. bis 17. Jahrhundert die Braguette, Schamkapsel oder Latz genannt. Im 15. Jahrhundert waren am burgundischen Hof, der in dieser Zeit die Mode prägte, der Rock immer kürzer und die Beinkleider immer enger geworden. Die Hose, auch Bruch oder Bruk genannt, trug man schließlich so eng, daß sie bei stärkerer Bewegung vom Wams gelöst werden mußte, denn sonst bestand die Gefahr, daß die Nesteln rissen oder die Hose platzte. Die Beinlinge wurden schließlich zu einer Unterkörper und Beine bedeckenden Strumpfhose. Bei dieser enganliegenden Bekleidung blieb kein Platz mehr für die männlichen Geschlechtsteile, so daß sich eine Vergrößerung des Hosenlatzes erforderlich machte, der sich zur Schamkapsel entwickelte. Dieser aus einer technischen Notwendigkeit herrührende Kleidungsteil avancierte bald zu einem Schau- und Prunkstück. Aus andersfarbigem Stoff als die Beinlinge gefertigt und zuweilen mit

Ein Latz muß sein

bunten Bändern, Schleifen und Edelsteinen verziert, diente er als Blickfang. Um der Frauenwelt zu imponieren, wurden ungeheuer große männliche Organe vorgetäuscht, indem man den Latz unnatürlich erweiterte und mit Wolle oder Kaninchenpfoten ausstopfte. Zugleich erhielten die Lätze eine Form, die eine ständige sexuelle Bereitschaft des Mannes vorspiegelte.

In der Endisheimer Chronik aus dem Jahre 1492 heißt es zu diesem Modetrend: »Und trug das jung volk röck, die giengen nit mehr dann eyner hand breyt unter dem gürtel, und dah man ihm die bruck hinten und vornen, und war so scharf gemacht, dass im die hosen die arßkerb austeilten, das war ein hübsch ding, un hatten züllen von ihm groß und spitz voraus gohn, und wan einer vor dem tisch stund, so lag ihm die züll auf dem Tisch.«[105] In einem Landsknechtlied heißt es:

»Ein Latz muß sein daneben
wol eines Kalbskopf groß,
karteken drunter schweben
seinen on alle moß,
kein geld wird da gesparet
und solt er betteln gon.«[106]

Krause und Barttracht

Ein weiteres charakteristisches Merkmal der spanischen Tracht stellte die Krause dar, die, am Kragen des Hemdes befestigt, aus dem Stehkragen des Wamses herausragte. Sie wurde immer breiter und entwickelte sich in den achtziger Jahren des 16. Jahrhunderts zu einem selbständigen Kleidungsstück, das keine Verbindung mehr mit dem Hemd hatte. Damit die Krause trotz ihrer Breite steif vom Hals abstand, erhielt sie ein Untergestell aus Draht. Je mächtiger die Krause, um so kürzer mußten Haar und Bart gehalten werden. Schließlich trugen die Herren nur noch einen kleinen Spitzbart am Kinn und einen Schnurrbart.

Kopfbedeckung und Schuhwerk

Auch die Kopfbedeckung mußte sich der steifen Form anpassen. Das vorher übliche flache und breite Barett wuchs in die Höhe und verlor die Lockerheit. Zumeist wurde ein Hut mit hohem Kopf und einem schmalen festen Rand, geschmückt mit Reiherfedern, getragen. Die Schuhe, eine Art Slipper, spitzten sich nach vorn leicht zu. Daneben waren auch hohe, bis zu den Knien und darüber reichende Lederstiefel in Mode, die eng, fast wie Strümpfe, anlagen. Als modisches Beiwerk benutzte der Kavalier Handschuhe, die er als Zeichen der Galanterie in der rechten Hand trug, während sich die linke um den Knauf des Zierdegens schloß, der wegen der großen Kugeln der Heerpauke horizontal getragen werden mußte.

Die spanische Frauenmode

Wie in der Männerkleidung bildeten auch »leblose Enge und Steifheit Hauptmerkmale der spanischen Frauentracht. Ihr blieben selbst jene kleinen Freiheiten, die dem spanischen Kavalier gestattet waren, untersagt. Indem mag die Entwicklung der Frauenkleidung noch stärker unter dem Einfluß der Gegenreformation, das heißt der Kirche, gestanden haben. Ober- und Unterkörper der Frau wurden durch die Kleidung zu zwei geometrischen Dreiecken stilisiert, die die natürlichen Formen des Körpers völlig negierten.«[107] Der Rock wurde über einen Reifrock gespannt, der sich nach unten kegelförmig erweiterte.

Reifrock und Korsett

Der Reifrock erschien erstmals in der Geschichte der Mode in der Mitte des 16. Jahrhunderts. Es war zuerst ein mit Filz oder Roßhaar, dann mit Reifen abgesteifter Unterrock.

Eine andere Erfindung der spanischen Mode stellte das Korsett dar. Vorformen gab es zwar bereits im Mittelalter – schon im 14. Jahrhundert wurde die Taille geschnürt –, aber erst mit der spanischen Mode kam das Korsett aus Eisen- oder Fischbeinstäben auf. Mit seiner Hilfe konnte man die Taille eng zusammenpressen und den weiblichen Oberkörper in einen auf die Spitze gestellten Kegel umformen. Das Mieder, das zuweilen sogar mit Bleiplatten gepanzert war, ließ die Busenwölbung verschwinden. Die Mädchen sollten möglichst von früher Jugend an geschnürt werden, um damit die Entwicklung der Brust zu behindern, denn Busen galt als unschön. Darum war das Frauenkleid auch bis zum Hals geschlossen, »und wie beim Manne schien die Krause wie eine riesige Scheibe den Kopf vom Körper zu trennen«[108].

Busen galt als unschön

Kopfschmuck

Die Frisuren wirkten streng und steif wie die Kleider. In der Mitte des 16. Jahrhunderts trugen die Frauen das Haar im Nacken zumeist zu einem Knoten gewunden und an den Schläfen streng nach oben gestrichen. Wegen der immer größer werdenden Krause wurde das Haar später mit Hilfe von Einlagen steil nach oben toupiert. Auf diese turmartige Frisur kam dann zuweilen noch ein kleiner Hut, eine Krone oder ein Schmuck.

Modisches Beiwerk

Die Schuhform entsprach der der Männer, doch die Schuhe spielten keine Rolle, denn »unter der Diktatur von Gegenreformation und spanischer Etikette war der weibliche Körper wieder völlig unter der Kleidung verschwunden«[109], und so war es den Frauen auch verboten, ihre Füße sehen zu lassen. Da außer dem Gesicht nur die Hände entblößt sein durften, konzentrierte sich modisches Beiwerk stark auf sie. Die Damen hielten Fächer, auch mit Spitzen verzierte kleine Tücher oder Handspiegel mit kunstvollen und kostbaren Goldschmiedearbeiten auf der Rückseite in den Händen. Als Schmuck dienten Ketten, Ringe und Ohrringe. Dabei wurden diese nicht in der vorher üblichen Fülle getragen, sondern man bevorzugte einzelne, aber erlesene Stücke.

Die spanische Mode strahlte auf fast alle europäischen Länder aus, wurde aber nirgends vollkommen dem spanischen Vorbild angeglichen, sondern erfuhr Modifikationen. In Italien, in Frankreich und auch in den Niederlanden wirkte die Tracht nicht ganz so steif wie in Spanien und zeichnete sich auch durch mehr Farbigkeit aus.

Höfischer Tanz und Erotik

Die den Körper einengende und die Bewegungen hemmende Mode wirkte sich auch auf eine der beliebtesten Vergnügungen bei Hofe, den Tanz, aus. Während die Bauern ihre ausgelassenen Tänze sprangen und hüpften, dominierten bei Hofe im 16. Jahrhundert die Schreit-, Schleif- und Gleittänze. Da bei fast allen Tänzen das erotische Moment eine wesentliche Rolle spielt, kam auch im höfischen Tanz die Erotik zum Ausdruck: Er entwickelte aus »dem animalischen Werben die stilisierte Verehrung . . . Das Gleichmaß der Bewegungen wird ein Sinnbild der Liebe. Wenn man im Gesellschaftstanz sich selbst tanzt, tanzt man seine zartesten, rhythmischen Regungen, seine stilisierten Emotionen und Geständnisse, man stellt mit den Mitteln des Körpers die eigene Seele dar.«[110]

Noch im 15. Jahrhundert entnahm die höfische Tanzmusik ihre Anregungen den Volksliedern, und auch bei Hofe tanzten und sangen die Gäste unter Musikbegleitung. Während der Volkstanz weiter mit dem Gesang verbunden blieb, entwickelten sich in der Mitte des 16. Jahrhunderts die Tanzweisen zu einer eigenständigen Musikform, meist ohne Gesang. Im ausgehenden Mittelalter waren Musik und Tanzschritt noch weitgehend homogen; auf jeden Taktteil kam ein Schritt. Im 16. Jahrhundert wurde die höfische Tanzmusik schnell, der Tanz dagegen langsam, so daß einer tänzerischen Bewegung eine Vielzahl von Noten entsprach.

Vom Ende des 14. bis zum 16. Jahrhundert besaß die höfische Tanzmusik einen gemeinsamen grundlegenden Charakterzug: Einem ruhigen, geschrittenen Vortanz im geraden Takt folgte ein lebhafter Nachtanz im ungeraden Takt,

Frauenbildnis.
Es zeigt die Krause und die Haartracht der spanischen Frauenmode.
Gemälde von Michiel van Miereveld Nachf.
Staatliche Museen zu Berlin, Gemäldegalerie

der in kleinen, mehr angedeuteten Sprüngen getanzt wurde. Als Vortanz dominierte vom 15. Jahrhundert bis Mitte des 16. Jahrhunderts die Basse danse, die schon im 14. Jahrhundert aufgekommen war. Als Nachtanz zu der feierlichen und würdevollen Basse danse folgten der lebenslustige Saltarello oder der ebenfalls lebhafte Tourdion.

Die Basse danse

Die Basse danse, deren Bezeichnung wahrscheinlich wegen der schleifenden Bewegungen der Füße vom französischen Wort bas (niedrig, tief) abgeleitet wurde, enthielt im wesentlichen sechs Figuren, die mit französischen Begriffen gekennzeichnet waren: révérence (Ehrerbietung, Verbeugung), branle (Reigen), Simple (einfach), Double (doppelt), Reprise (Wiederholung) und Congé (Abschied). Bei der Reverenz neigte der Herr den Oberkörper und machte mit dem rechten Bein einen Kreis nach außen; die Dame ging mit dem linken Bein leicht in die Kniebeuge und vollführte mit dem rechten Bein ebenfalls einen Beinkreis. Der Branle bestand aus vielen kleinen getretenen Schritten am Ort. Beim Simple links glitt der linke Fuß nach vorn und im Erheben auf den linken Fußballen zog man den rechten Fuß nach; beim Simple rechts machte man die Bewegungen in umgekehrter Reihenfolge. Der Double verlangte ein Vorwärtsgleiten auf beiden Füßen, das anschließende Erheben auf beide Fußballen und das Niederlassen auf der rechten Ferse. Die Reprise bestand aus vier trillernden Bewegungen mit den Füßen, und der Congé war im Grunde eine Reverenz, mit der sich das Paar verabschiedete. Nach überlieferten Tabulaturen folgte die Basse danse allgemein in folgendem Ablauf der Figuren: Reverenz, Branle, zwei Simple, Double, Reprise, Double, Reprise, Branle, drei Double, Reprise, Double, Reprise, Branle, zwei Simple, Double, Reprise, Branle mit Congé.

Das Umfassen des Partners bei diesem Tanz galt als unschicklich. Die Bewegungen blieben gemessen, die Schritte kurz. Im Widerspruch zur derben Realität des Liebeslebens an den Höfen der Zeit ist das »äußere Bild der Basse danse . . . das eines sehr zarten Miteinander, nur ein lockeres Berühren der Fingerspitzen bildet den sichtbaren Kontakt zwischen Tänzer und Tänzerin . . . Wie jedem höfischen Gesellschaftstanz liegt auch der Basse danse Erotik zugrunde, symbolisierte und veredelte . . ., wobei der Gleichschritt der Tanzenden als Symbol der erotischen Vereinigung zu fassen ist.«[111]

Die Pavane

Anfang des 16. Jahrhunderts kam die Pavane als festlicher Vortanz auf, trat neben die Basse danse und verdrängte sie allmählich. Die Pavane[112], auch »großer Tanz« genannt, war ein typischer Schau- und Prunktanz. Mit unerhört steifen und würdevollen Bewegungen sollten erhabene Ruhe und Veredelung ausgedrückt werden. Dieser Tanz, der wahrscheinlich aus Spanien kam, war die Darstellung der großen Gebärde der Grandezza der spanischen Aristokratie. Die Pavane hatte nur eine Schrittperiode; zwei Einzelschritte und einen Doppelschritt vorwärts oder rückwärts im Viervierteltakt geschleift; sie »ist die denkbar einfachste Stilisierung eines spazierengehenden Paares«[113].

Die Gaillarde

Stand in der Blütezeit der Basse danse der geschleifte Vortanz im Mittelpunkt, so lag seit der Mitte des 16. Jahrhunderts, als die Pavane der übliche Vortanz geworden war, der Schwerpunkt bei dem Nachtanz, im Falle der Pavane die Gaillarde[114]. Kaum waren die feierlichen Klänge der Pavane verklungen, ertönte eine fröhliche, lebhafte Musik, und die Tanzenden gingen von den züchtigen tiefen Schritten zu vergnüglichen leichten Sprüngen über. Typisch für den Gaillardeschritt war der Greve, der kleine Sprung, bei dem man auf dem Standbein leicht

Ball am Hofe König Heinrichs II. von Frankreich.
Auf einer dieser Festlichkeiten am französischen Hofe
konnte Wilhelm von Oranien als besonders guter Tänzer imponieren.
Gemälde der französischen Schule, 16. Jahrhundert.
Musée du Louvre, Paris

nach vorn hüpfte und gleichzeitig das Spielbein nach vorn in die Luft erhob, als ob man jemandem einen Fußtritt geben wollte. Die Schrittfolge der Gaillarde war recht einfach: kleiner Sprung auf dem rechten Bein und Heben des linken, kleiner Sprung auf dem linken Bein und Heben des rechten, dann Sprung auf beiden Beinen und Einnehmen der Ruhestellung. Danach begann man in umgekehrter Reihenfolge mit dem Heben des rechten Beines und dem Sprung auf dem linken Bein. Bei der Gaillarde, einem offenen Paartanz, mußte man sich nicht unbedingt nach vorn bewegen, sondern konnte auch rückwärts, seitlich und im Kreise tanzen.

Allemande und Courande

In der Mitte des 16. Jahrhunderts kam als Vortanz die Allemande[115] auf, ein schneller Schreittanz, der eine lebhafte Promenade darstellte. Der Nachtanz der Allemande war die Courande[116], im 17. Jahrhundert einer der Lieblingstänze. Die Schrittfolge der Courande bestand aus gehüpften Simples und Doubles: zwei Simples und ein Double nach links, zwei Simples und ein Double nach rechts, und dies erfolgte dann in ständigem Wechsel.

Der einzige Umarmungstanz, den es im höfischen Bereich gab, war die Volte[117]. Da wechselten Drehungen nach links und rechts und ein gemeinsamer Sprung des Paares. Der Herr umfaßte die Dame mit dem linken Arm und hielt sie an der Hüfte fest, mit der rechten Hand griff er ihr unter das Korsett, um sie beim gemeinsamen Sprung hochheben zu können. Die Dame hielt sich mit der rechten Hand an der Schulter oder dem Rücken des Herrn fest, mit der linken Hand raffte sie ihr Kleid. Die Volte war als höfischer Tanz sehr umstritten; sie galt vielen als unanständig und geschmacklos. Dennoch wurde sie immer wieder bei höfischen Festen getanzt, besonderer Beliebtheit erfreute sie sich am Hofe Heinrichs III. von Frankreich.

Die Volte

Bei den Hoffesten Wilhelms von Oranien wurde fast immer zum Tanz aufgespielt, und der Hausherr selbst galt als fleißiger Tänzer. Er tanzte gern und gut und war mit den neuesten Modetänzen vertraut. Als ihn bei seiner Werbung um Anna von Sachsen die Kurfürstin bat, er möge ihre Pflegetochter nach der Vermählung zu Gottesfurcht und christlicher Lebensweise anhalten, soll er ihr erwidert haben, »daß er die Prinzessin nicht mit solchen melancholischen Dingen bemühen wolle, sondern daß sie statt der heiligen Schrift den Amadis von Gallien und ander kurzweiliger Bücher, die de amore traktieren, wolle lesen und statt Stricken und Nähen eine Gaillarde wolle tanzen lernen lassen, und dergleichen Kourtoisie mehr, wie solche etwa des Landes bräuchlich und wohl anständig«[118].

Eine französische Quelle gibt direkt Auskunft über die Tanzkünste Oraniens. Im Jahre 1551 weilte eine Abordnung deutscher Fürsten und Grafen bei König Heinrich II. von Frankreich, unter ihnen auch Graf Wilhelm von Nassau und sein Sohn Wilhelm von Oranien. Der König gab zu Ehren der Deutschen im neu erbauten Schloß Fontainebleau, etwa 60 Kilometer südöstlich von Paris gelegen, einen Hofball. In einem zeitgenössischen Bericht über dieses Fest heißt es: »Man ließ für sie [die Deutschen] Allemanden erklingen, weil die Allemande ihr üblicher Tanz ist, den sie besser beherrschen, aber zwischen den Allemanden erklangen Gaillarden, um ihnen das Können und die Anmut unserer französischen Jugend vorzuführen.«[119] Zum Erstaunen des Berichterstatters gab es aber einen unter den deutschen Gästen, der die einzelnen Figuren genau nach Regel tanzen konnte und den »Preis der Gaillarde« gewann, und dies war Wilhelm von Oranien.

Tanzkünste Oraniens

DAS GEISTIGE LEBEN AM HOFE

DIE NASSAUER GEHÖRTEN ZU DEN ADELSGESCHLECHTERN, DIE SCHON AN DER WENDE VOM 15. ZUM 16. JAHRHUNDERT ERKANNT HATTEN, DASS EINE GEDIEGENE HUMANISTISCHE BILDUNG DEM ADEL ZUM VORTEIL GEREICHTE.

»Er kannte sich gut aus in allem, was zur Wissenschaft der Mathematik gehört; er hatte Kenntnisse in der lateinischen Sprache; er erfreute sich am Lesen guter Bücher, vor allem solcher über die Staatskunst und die Geschichte, sich zu ihnen zurückzuziehen, war nach seinem Geschmack, bei Gelegenheit bediente er sich ihrer geschickt, und er glaubte, im Gegensatz zum Irrtum der meisten Großen, daß die Wissenschaften gut und wohlanständig für Fürsten sind.«[120]

Dieses Urteil des im 17. Jahrhundert lebenden Historikers Joseph de la Pise ist zweifellos eine überhöhte Lobpreisung Wilhelms von Oranien, enthält aber doch einen realen Kern. Oranien war kein adliger Humanist, kein gelehrter und weiser Fürst, doch er besaß eine gute Bildung, und er konnte die geistigen Strömungen seiner Zeit verfolgen und sich in den politischen Verwicklungen zurechtfinden. Damit stand er ganz in der Tradition seines Hauses.

Regierende Fürsten brauchten eine gute Bildung und ein möglichst umfangreiches Wissen, um in der gesellschaftlichen Umbruchsituation mit den zahlreichen neu auftretenden Problemen fertig zu werden und ihre Herrschaft behaupten zu können. Sie standen vor der Aufgabe, den feudalen Staat den gesellschaftlichen Veränderungen, die durch das allmähliche Vordringen kapitalistischer Produktionsweise hervorgerufen wurden, anzupassen. Für die nicht regierenden Adligen waren Wissen und Bildung entscheidende Voraussetzungen für den Aufstieg in die hohen Staatsämter.

Die Hofschule in Dillenburg

Wilhelm von Oranien hatte seine erste Ausbildung zusammen mit Geschwistern und Halbgeschwistern sowie Kindern benachbarter Adliger an der Hofschule in Dillenburg erhalten. Juliana von Stolberg beaufsichtigte sie dort und erteilte selbst evangelischen Religionsunterricht. Daneben lernten die Kinder Schreiben, Lesen und Rechnen.

Sprachkenntnisse Oraniens

Oranien bekam nach dem Antritt seines Erbes in den Niederlanden eine sorgfältige Sprachausbildung. Sein frühestes überliefertes Schriftstück ist ein in lateinischer Sprache geschriebener Brief an seinen Vater vom 1. September 1551, dessen Schlußworte lauten: »Vale quam foelicissime, illustris domine pater, una cum domina matre, cuius delectioni ego et uxor mea ex animo commendamus.«[121]

Später hat Oranien ab und an lateinische Worte oder Sätze in seinen Briefen benutzt, aber wahrscheinlich beherrschte er diese Sprache als reifer Mann nur passiv und konnte sich mit seinen altsprachlichen Kenntnissen nicht mit wirklich gelehrten Hochadligen wie Wilhelm von Hessen und seinem Schwiegervater, Maximilian von Buren, messen, der den Homer in Griechisch vor Erasmus von Rotterdam aufgesagt hatte.

In Französisch dagegen, seiner zweiten Muttersprache, führte Oranien seine Korrespondenz mit dem Kaiser, mit König Philipp II. von Spanien, mit Granvelle, der Generalstatthalterin Margareta von Parma, den Mitgliedern zentraler Räte und Kollegien, den niederländischen Hochadligen,[122] mit seinem Freund Lazarus von Schwendi und zum Teil mit seinem Bruder Ludwig von Nassau. In Deutsch erfolgte der Briefwechsel mit seinen anderen Geschwistern, seinen Eltern, mit Günther von Schwarzburg, den meisten deutschen Reichsfürsten, den Königen Christian III. und Frederik II. von Dänemark und Erik XIV. von Schweden. In italienischer Sprache geschriebene Briefe empfing Oranien unter anderem von Cosimo de Medici, Herzog von Florenz und von Franciscus Ferdinandus Davalos, Markgraf von Vaslo und Pescara.

Der Hof Oraniens war dreisprachig. Mit seiner ersten Frau, Anna von Buren, seinem adligen Gefolge und den meisten seiner Gäste sprach Oranien französisch, mit seiner zweiten Frau, Anna von Sachsen, Gästen aus dem Reich und den skandinavischen Ländern deutsch, und mit den unteren Bediensteten verständigte er sich auch in Niederländisch.

Einen Hinweis auf die humanistische Bildung Oraniens könnte die Tatsache geben, daß er und seine Anhänger bei der Organisierung des antispanischen Widerstandes in den Niederlanden zu Anfang der siebziger Jahre holländische Städte mit Geheimnamen versahen, die sie aus der Antike entlehnten. Sagten sie beispielsweise Apollo, so meinten sie Delft, Jupiter bedeutete Den Haag, Mercurius stand für Leiden, Mars für Gouda und Venus für Rotterdam. Es ist allerdings nicht zu ermitteln, ob Oranien selbst oder einer seiner Mitstreiter diese Decknamen ausgewählt hat.

Lesegewohnheiten

Über die Lesegewohnheiten von Oranien und seinen Hofleuten ist wenig überliefert, da seine Bibliothek 1567 in die Hände Albas fiel und später nicht mehr zu rekonstruieren war. In einem Inventar des Kastells von Breda, das um die Wende vom 16. zum 17. Jahrhundert angelegt wurde, ist lediglich die Rede von einigen Büchern in Pergament über verschiedene Gegenstände, unter anderem über Geschichte. Sicher ist, daß sich ein französisches Gesangbuch, ein Heptameron[123] und ein Werk des französischen Geschichtsschreibers Jean Froissart – vielleicht dessen berühmte, die Jahre 1325 bis 1400 beschreibende Chronik des Hundertjährigen Krieges – in Oraniens Besitz befanden. Da er aber die Bibliothek Heinrichs III. geerbt hatte, muß sein Bücherbestand wesentlich umfangreicher gewesen sein.

Die Tatsache, daß andere Adlige ihre Söhne gern als Pagen an Oraniens Hof schickten, deutet darauf hin, daß im Kastell von Breda und am Hofe von Nassau in Brüssel eine sehr anregende geistige Atmosphäre herrschte. Oranien war als Erwachsener vom großen Nutzen einer sorgfältigen geistigen Bildung überzeugt. Dies zeigten schon die Bemühungen um die Erziehung seiner Brüder.

Versuch einer Universitätsgründung

Seinen eigenen Sohn Philipp Wilhelm schickte er auf die Universität Löwen, wo dieser unter anderem bei dem bekannten Latinisten Cornelis Valerius studierte. Dem Bruder Johann von Nassau machte Oranien 1565 oder 1566 den Vorschlag, auf dem Besitz der Familie eine gelehrte Anstalt zu stiften. Er ließ sich von einem Theolo-

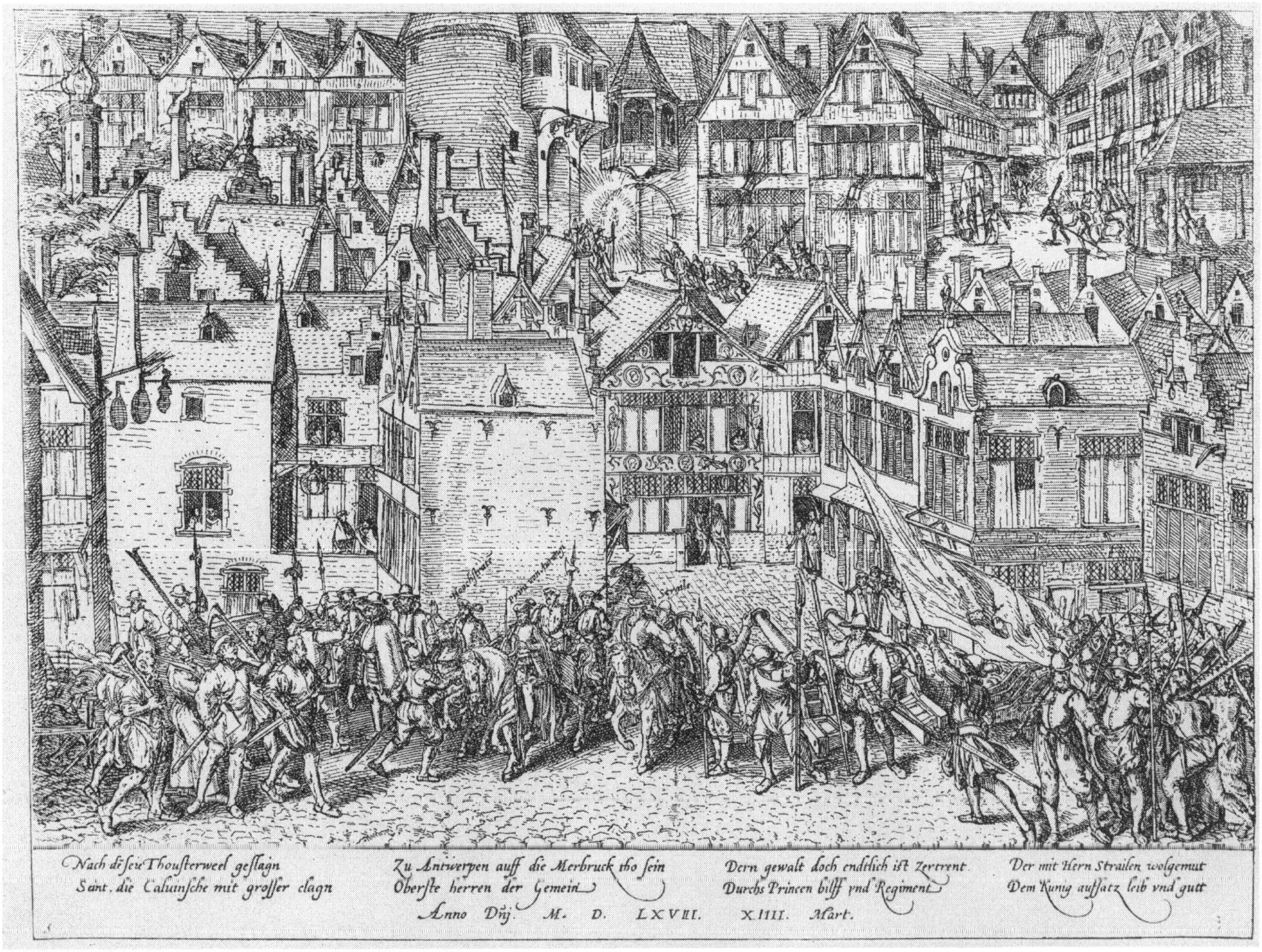

Aufstand der Calvinisten in Antwerpen, 1568.
Kupferstich von Franz Hogenberg.
Sächsische Landesbibliothek, Dresden

gen ein Konzept für eine solche Einrichtung entwerfen und hielt selbst nach einem passenden Gebäude Ausschau. Im Todesjahr Oraniens, 1584, ist dann tatsächlich von Graf Johann von Nassau in Herborn eine »Hohe Schule« gegründet worden. Diese Universität bestand bis zum Jahre 1817.

In religiöser Hinsicht übte Oranien Toleranz. Seine Auffassungen wurden sowohl durch seine Charaktereigenschaften und sein persönliches Schicksal als auch durch seine politischen Interessen beeinflußt. Sie unterlagen im Laufe seines Lebens gewissen Modifikationen, doch der Toleranzgedanke blieb für ihn bestimmend.

Während seines Aufenthaltes als Geisel in Frankreich soll Wilhelm von Oranien nach eigenen Aussagen ein Erlebnis gehabt haben, das seine weitere Entwicklung entscheidend prägte: Während einer Jagd im Sommer 1559 habe er mit König Heinrich II. ein vertrautes Gespräch geführt und von diesem fürchterliche und ihn tief aufwühlende Dinge erfahren. In seiner »Apologie« gegen den von Philipp II. 1580 ausgesprochenen Bann schrieb er:

Das »Erlebnis« im Walde von Vincennes

»Als ich in Frankreich war, hörte ich aus dem eigenen Munde König Heinrichs, daß der Herzog Alba mit ihm über die Ausrottung aller hinsichtlich der Religion Verdächtigen in Frankreich, in den Niederlanden und in der ganzen Christenheit verhandelte. Der König meinte, da ich einer der Bevollmächtigten für den Friedensvertrag war, daß ich von diesen so wichtigen Angelegenheiten Kenntnis hätte und daß ich zu derselben Partei gehörte; daher offenbarte er mir die tiefsten Pläne des Königs von Spanien und des Herzogs von Alba. Um nicht beim König in Mißachtung zu kommen, als ob man vor mir Geheimnisse habe, antwortete ich so, daß der König bei seiner Meinung verblieb. Das gab ihm Anlaß zu einer eingehenden und gründlichen Erörterung mit mir über das Projekt der Einsetzung von Inquisitoren. Ich gestehe, daß ich damals von Beileid und Mitgefühl mit soviel trefflichen Menschen ergriffen wurde, die also dem Verderben geweiht wurden, sowie überhaupt mit diesem Lande, dem ich so tief verpflichtet war und in dem man eine Inquisition einführen wollte, noch schlimmer und grausamer als die spanische. Das waren Netze, die gesponnen wurden, um darin die Großen des Landes ebensogut wie das Volk zu fangen, damit die Spanier und ihre Anhänger über diejenigen, denen sie auf andere Weise nicht beikommen konnten, Gewalt bekämen . . . Ich bekenne, daß ich damals, als ich dies gewahrte, wohl wissend, was ich tat, den Entschluß faßte, dabei zu helfen, das spanische Geschmeiß aus dem Lande zu vertreiben, und es reut mich nicht, daß ich dies getan habe.«[124]

Demnach wurde also Oranien durch das 1559 im Walde von Vincennes Erlebte zum unversöhnlichen Kampf gegen die Spanier inspiriert, um die niederländischen Nichtkatholiken vor dem Verderben zu bewahren.

Was Oranien in seiner Rechtfertigungsschrift behauptete, hat allerdings mit der Wahrheit nicht viel zu tun. Er kannte sich zu gut in der Geschichte und den politischen Verhältnissen der Niederlande aus, als daß es ihm bis 1559 hätte verborgen bleiben können, daß die Ketzer seit langem in den Niederlanden hart verfolgt wurden. Schon am 21. März 1521 hatte Karl V. in Mecheln für seine niederländischen Territorien das erste Edikt gegen die Lehren Martin Luthers erlassen. Bis zum Jahre 1530 war es Karl V. gelungen, die lutherische Reformation in den Niederlanden zu unterdrücken. Ihre Führer ließ er hinrichten oder in die Emigration treiben; die meisten ihrer Anhänger waren so eingeschüchtert, daß sie entweder Widerruf leisteten oder ebenfalls die Niederlande verließen. Bezeichnend ist, daß die Generalstatthalterin Maria von Ungarn 1533 an ihren Bruder schrieb, ihrer Meinung nach sollten alle Ketzer, mögen sie reuig sein oder nicht, mit solcher Strenge verfolgt werden, daß die Irrlehren gänzlich vertilgt würden, wobei man nur Sorge tragen müsse, das Land nicht gänzlich zu entvölkern.

Kampf Karls V. gegen die Reformation Luthers

Verfolgung der Täufer

Die zweite große Welle der Ketzerverfolgung richtete sich gegen die Täuferbewegung, die sich Ende der zwanziger, Anfang der dreißiger Jahre vor allem in den nördlichen Territorien unter den städtischen Mittel- und Unterschichten und den Bauern ausgebreitet hatte. Die Täufer glaubten, daß die Errichtung eines Tausendjährigen

Hinrichtung von Calvinisten in den Niederlanden.
Kupferstich von Franz Hogenberg.
Staatliche Bücher- und Kupferstichsammlung, Greiz

Reiches Gottes auf Erden unmittelbar bevorstünde und ihnen die Erlösung von den Leiden dieser Welt bringen würde. Eine radikale Strömung der Täufer wollte das Reich Gottes in einem bewaffneten Aufstand selbst erzwingen. Nach der Niederwerfung eines Täuferaufstandes in Amsterdam im Frühjahr 1534 und des Täuferreiches von Münster in Westfalen im Jahre 1535 erwarteten die Täufer nur noch passiv die Wiederkehr Christi. Die feudalen Obrigkeiten sahen aber dennoch in der Täuferbewegung eine ernsthafte Gefährdung der bestehenden Ordnung und verfolgten die Anhänger grausam. Während der Regierungszeit Karls V. wurden in den Niederlanden etwa 2000 Täufer hingerichtet.

Ausbreitung des Calvinismus in den Niederlanden

In den vierziger Jahren begann sich die von Jean (Johannes) Calvin begründete reformatorische Strömung in den Niederlanden auszubreiten. Der Calvinismus besaß im Unterschied zur päpstlichen Autokratie und zu den fürstlichen lutherischen Landeskirchen eine republikanische Kirchenorganisation. An der Spitze der Gemeinden standen Älteste, die von den Gläubigen gewählt wurden. Der Calvinismus verpflichtete die Menschen zum Gehorsam gegenüber den weltlichen Obrigkeiten, er sprach aber ordnungsgemäß gewählten oder eingesetzten Körperschaften – zum Beispiel Ständeversammlungen und städtischen Magistraten – das Recht und die Pflicht zu, der Willkür tyrannischer Fürsten entgegenzutreten. Ein besonderes Merkmal des Calvinismus war die Prädestinationslehre, die Lehre von der absoluten Vorherbestimmung aller Abläufe im Leben eines Menschen durch Gott. Danach hat Gott jeden Menschen entweder zur ewigen Seligkeit oder zur ewigen Verdammnis bestimmt. Erfolg oder Mißerfolg im Leben galt als sichtbares Zeichen für Auserwähltheit oder Verdammnis. Auch der Calvinismus wurde durch Karl V. und Philipp II. rigoros bekämpft. Zum einen, weil seine Lehren zum Teil die bestehende Ordnung in Frage stellten, vor allem aber, weil eine einheitliche katholische Kirche die entscheidende ideologische Voraussetzung für die Festigung und den Ausbau des spanisch-habsburgischen Großreiches bildete.

Das Ketzeredikt vom 25. September 1550

Insgesamt hat Karl V. von 1521 bis 1555 zwölf Edikte (in den Niederlanden Plakate genannt) gegen die Ketzerei erlassen. Das Edikt vom 25. September 1550 besaß als Rekapitulation aller früheren Verordnungen eine besondere Bedeutung. Es wurde unmittelbar nach dem Herrschaftsantritt Philipps II. erneut bekräftigt und verbot den Druck, die Verbreitung und die Lektüre der Schriften Martin Luthers, Ulrich Zwinglis, Johannes Calvins und anderer Reformatoren. Alle Zusammenkünfte und Gespräche – auch im Freundes- und Familienkreis – zur Erörterung ketzerischer Lehren waren untersagt. Niemand durfte einen Ketzer oder einen der Ketzerei Verdächtigen bewirten oder beherbergen. Wer einen ihm bekannten Ketzer nicht anzeigte, sollte die gleiche Strafe erleiden wie dieser selbst. Wenn Ketzer ihre »Irrtümer« einsahen, sollten Männer mit dem Schwert gerichtet, Frauen lebendig begraben werden; beharrten sie auf ihren Auffassungen, waren Männer und Frauen dem Tod auf dem Scheiterhaufen verfallen. Sämtliche Behörden erhielten Anweisung, diese Verfügungen in aller Strenge durchzusetzen.

Schon 1552 hatten Karl V. und der Papst eine »apostolische Sonderinquisition« eingesetzt, die 1546 erweitert und reorganisiert worden war. Die Inquisitoren erhielten das Recht, jeden Verdächtigen festzunehmen, zu verhören und an einem Ort ihres Gutdünkens vor Gericht zu stellen. All diese Maßnahmen kannte Oranien im Sommer 1559 gewiß. Seine »Apologie« war eine polemische Streitschrift, und er wollte mit der Schilderung des angeblichen Gesprächs im Walde von Vincennes im nachhinein seiner Auflehnung gegen Philipp II. einen religiösen Anstrich geben.

Religiöse Toleranz

Zweierlei ist aber an dieser Darstellung wahr. Zum einen lehnte Oranien religiösen Fanatismus persönlich ab, und auch die äußere Form der Glaubensausübung interessierte ihn nicht allzu sehr. Er fühlte sich zweifellos als ein gläubiger Christ, innerlich aber nicht an eine Konfession gebunden, und er legte auf Zeremonien keinen besonderen Wert. Bei einem Essen soll er einmal erklärt haben, es sei nicht wichtig, auf welche

Margareta von Parma,
uneheliches Kind Karls V. und der Johanna van der Gheynst,
der Tochter eines Teppichwebers aus Nijkerke,
Generalstatthalterin der Niederlande von 1554 bis 1567.
Stich von Karl von Sichem.
Ehem. Staatsbibliothek, Wrocław

Weise man Gott ehrt, wichtig sei, daß man ihm wirklich dient. Die Entstehung dieser Glaubenshaltung ist nicht eindeutig zu klären. Ganz sicher aber spielte der Übertritt vom Luthertum zum Katholizismus eine Rolle, zu dem Oranien als Zwölfjähriger gezwungen worden war. Auch die Integration in die Welt des niederländischen Hochadels, in der Religionsfragen nicht gerade im Mittelpunkt des Interesses standen, mag dazu beigetragen haben. So kann man annehmen, daß die strenge Verfolgung der Ketzer Oranien stets zuwider war, er sich jedoch mit Kritik zurückhielt, solange er sich in politischem Einvernehmen mit Karl V. und Philipp II. befand.

Zum anderen leitete das Jahr 1559 tatsächlich eine Wende im Verhältnis Oraniens zu Philipp II.

ein. Erstmals kam es in diesem Jahr zur offenen Opposition des Prinzen gegen die niederländische Politik Philipps – aber nicht wegen der Verfolgung der Ketzer, sondern wegen der Verletzung von Privilegien des niederländischen Hochadels und der niederländischen Stände.

Doppelspiel Oraniens

In welchem Maße Oranien konfessionelle Fragen seinen politischen Interessen unterordnete, hatte sich bereits bei seiner Eheschließung mit Anna von Sachsen gezeigt. Am 7. Februar 1560 schrieb er in dieser Angelegenheit an Philipp II.: »Eure Majestät möge sich versichert halten, daß ich vor allem an diesen Punkt gedacht, daß ich davon alles andere abhängig gemacht habe, und daß ich mich vor seiner Erledigung nicht auf das Geringste eingelassen hätte. Aber da die Angehörigen der Dame auf die ihnen darüber gemachten Vorstellungen nicht die geringsten Schwierigkeiten erhoben, sondern alles meinem Belieben und meinen Bestimmungen überließen, so versichere ich Eure Majestät, daß ich mich hierin ganz zu Ihrer Befriedigung verhalten werde. Denn es gibt nichts, was mir so am Herzen liegt, wie unsere wahre katholische Religion: darauf kann sich Eure Majestät ganz und gar verlassen. Daher bitte ich Eure Majestät, diese Verbindung gut zu heißen und zu glauben, daß ich hierin wie in allen anderen Stücken nur die Ehre Gottes und den Dienst Eurer Majestät suche, und ich hoffe wohl, davon im Laufe der Zeit noch reichlichen Beweis zu geben.«[125]

Wir wissen bereits, daß Oranien hier schlicht und einfach die Unwahrheit sagte, wie er auf der anderen Seite ebenso die Verwandten Annas von Sachsen belogen hatte. Als das junge Paar nach der Trauung nach Breda zurückgekehrt war, gab sich Anna nach außen so, als sei sie wirklich zum Katholizismus übergetreten und besuchte regelmäßig die Messe. Zufrieden berichtete die Generalstatthalterin Margareta von Parma am 18. Oktober 1561 an Philipp II.: »Alle versichern mich, daß sich die Prinzessin augenscheinlich durchaus dem Willen des Prinzen und der katholischen Religion fügen wird. Er hat sich ja immer als ein eifriger Anhänger der katholischen Kirche gezeigt, und schon hört die Dame alle Tage die Messe, und wenn der Prinz erst hierher kommt, so werde ich Näheres von ihm darüber hören, was er in dieser Hinsicht zu tun entschlossen ist.«[126]

Es gibt jedoch mehrere Anzeichen dafür, daß Wilhelm seine Frau nicht gezwungen hat, sich auch innerlich zum Katholizismus zu bekennen. Wahrscheinlich gab es am Hofe für Anna einen besonderen protestantischen Prediger oder einen der zu der Zeit zahlreichen Geistlichen, die sich äußerlich noch als katholische Priester gaben, in Wahrheit aber bereits protestantische Lehren verkündeten. Im Herbst 1562 vollzog ein Hausgeistlicher an einer im Oktober geborenen Tochter Oraniens die Nottaufe, das Kind starb kurze Zeit später. Über diesen Geistlichen berichtete Granvelles Vertrauter und Generalvikar für das Erzbistum Mecheln, Maximilian Morillon, an den Kardinal, daß er am Hofe des Prinzen als protestantischer Prädikant diene. Voller Mißtrauen beobachtete Granvelle die religiösen Verhältnisse am Hofe Oraniens, zumal sich dort zumindest ein Ketzer ständig aufhielt, Oraniens Bruder Ludwig von Nassau. Auch die anderen Dillenburger Verwandten, die des öfteren nach Breda kamen, waren lutherischer Konfession.

Religiöse Auseinandersetzungen in Orange

Oraniens religiöse Toleranz schlug sich auch in seiner Politik in Orange nieder. Schon in den vierziger Jahren hatten Luthertum und Calvinismus in Orange Anhänger gefunden. Seit dem Frühjahr 1560 wurde in der Hauptstadt Orange calvinistisch gepredigt. Hugenotten aus Frankreich fanden dort Zuflucht, was zu diplomatischen und militärischen Verwicklungen mit

Frankreich führte. Ein calvinistischer Bildersturm in den Städten Orange, Courthézon und Joncquières vertrieb den katholischen Klerus und ließ die calvinistische Religion in diesem Gebiet dominieren. Orange wurde schließlich in die Auseinandersetzungen zwischen hugenottischem und katholischem Adel Frankreichs um die Macht verwickelt. Seine Lage zwischen der vorwiegend hugenottischen Dauphiné, der katholischen Provence und dem päpstlichen Gebiet um Avignon machte das Fürstentum wiederholt zum Schlachtfeld. Die Bevölkerung hatte unter den wechselnden Eroberungen schwer zu leiden.

Toleranzedikt

Am 26. August 1563 erließ Oranien für Orange ein Toleranzedikt, mit dem er den religiösen Auseinandersetzungen in seinem Fürstentum ein Ende bereiten wollte. Er erlaubte beiden Konfessionen die freie Religionsausübung und wies ihnen bestimmte Kirchen zu. Zugleich bestätigte er St. Auban, den die Calvinisten als Statthalter eingesetzt hatten, in seinem Amt. Der Papst protestierte heftig und verlangte dessen Absetzung und die Vertreibung aller Calvinisten aus dem Fürstentum, sonst sähe er sich gezwungen, selber den Katholizismus in Orange wiederherzustellen. Dies war eine deutliche Drohung, das Fürstentum dem angrenzenden päpstlichen Gebiet um Avignon anzugliedern. Oranien gab zum Teil nach. Er entließ St. Auban und sicherte dem katholischen Klerus die Rückkehr zu. Im übrigen aber wurden beide Konfessionen gleichberechtigt geduldet. Tatsächlich gelang es Oranien, sein Fürstentum mit der Durchsetzung des Toleranzprinzips vorübergehend zu befrieden.

Dieser Erfolg ermunterte ihn, ähnliches in den Niederlanden zu versuchen. Es kam ihm darauf an zu beweisen, daß mit mehr Toleranz in Glaubensfragen die Niederlande ohne spanische Truppen und ohne Inquisition befriedet werden könnten und daß niemand berufener für die Regierung des Landes nach der alten ständischen Ordnung sei als der niederländische Hochadel.

ZENTRUM DER ADELSKONSPIRATION

NACHDEM ES ZUR OFFENEN KONFRONTATION MIT PHILIPP II. GEKOMMEN WAR, STELLTE WILHELM VON ORANIEN DAS KASTELL VON BREDA UND DEN HOF VON NASSAU FÜR KONSPIRATIVE ZUSAMMENKÜNFTE ZUR VERFÜGUNG.

Die Ehrenhaft des Marschalls von Frankreich in Breda

Im Herbst 1557 empfing Wilhelm von Oranien in Breda einen angesehenen französischen Adligen mit großem politischen Einfluß: Jacques d'Albon, Herrn von St. André und Marquis von Fronsac, Marschall von Frankreich, ritt inmitten einer bewaffneten Begleitung in das Kastell von Breda ein. Mit dem Gast hatte es eine besondere Bewandtnis; er war nach einer französischen Niederlage gegen Truppen Philipps II. bei St. Quentin in Gefangenschaft geraten, die er nun bei Oranien in Breda unter den seinem Rang angemessenen Bedingungen verbringen sollte. St. André durfte das Kastell nicht verlassen, nahm aber am Hofleben teil, und bald wurden Oranien und sein vornehmer Gefangener bei fröhlichen Tafelrunden und langen Gesprächen ihrer gegenseitigen Sympathien gewahr. Zwischen beiden entstand ein herzliches, ja freundschaftliches Verhältnis.

Ein halbes Jahr später bat Philipp II. den Oranier, Friedensverhandlungen mit König Heinrich II. von Frankreich in die Wege zu leiten, um den seit 1552 andauernden, nur durch Waffenstillstände unterbrochenen Krieg zu beenden. Oranien entschloß sich, bei der Erledigung dieses Auftrages die guten persönlichen Beziehungen zu dem an seinem Hofe befindlichen französischen Politiker und Militär zu nutzen. Er erwirkte bei Philipp II. für St. André zwei Monate Urlaub mit dessen Ehrenwort auf Rückkehr nach Ablauf der Frist. Nach außen hin hieß es, St. André sollte Gelegenheit erhalten, sich in Frankreich um die Aufbringung eines Lösegeldes für seine Freilassung zu bemühen, tatsächlich hatte er sich aber bereit erklärt, zu erkunden, ob und unter welchen Bedingungen Heinrich II. zu Friedensverhandlungen bereit sein würde.

Mitte Juni 1558 machte sich der Marschall von Frankreich auf den Weg und kehrte zwei Monate später seinem Wort gemäß mit der Nachricht nach Breda zurück, daß der französische König einem Friedensschluß nicht abgeneigt sei. Am 17. Oktober 1558 wurde Waffenstillstand geschlossen, und alsbald begannen die Friedensverhandlungen, die zunächst in Lille, dann in Cercamp stattfanden. Zu den Bevollmächtigten Philipps II. gehörte neben dem Bischof Granvelle und dem Herzog von Alba auch Wilhelm von Oranien. Am 3. April 1559 fanden die Verhandlungen mit der Unterzeichnung eines Friedensvertrages in Cateau-Cambrésis ihren Abschluß. Auf Wunsch Philipps II. nahmen es, wie schon

Friedensschluß von Cateau-Cambrésis

gesagt, Egmont, Alba und Oranien auf sich, zur Bekräftigung des Friedensschlusses als Geiseln nach Frankreich zu gehen.

Oraniens Anteil bei der Vorbereitung und Ausführung des Friedens von Cateau-Cambrésis sowie diplomatische Missionen in das Reich und nach England verdeutlichen, daß er trotz bestehender persönlicher Antipathien zwischen ihm und Philipp II. willens war, seinem Landesherrn treu zu dienen. Auch sein Hofleben ordnete er diesem Dienst unter. Doch schon in der zweiten Hälfte der fünfziger Jahre mehrten sich die Anzeichen für ernsthafte Spannungen zwischen dem größten Teil des niederländischen Hochadels und Philipp II., die Anfang der sechziger Jahre zu einer organisierten Hochadelsopposition führten.

Philipp II. und sein niederländisches Erbe

Verschiedentlich wurden persönliche Eigenschaften Philipps II. als entscheidende Ursache für die Zuspitzung der Situation bezeichnet. Karl V., in den Niederlanden geboren und aufgewachsen, war durch eine bewußt zur Schau gestellte Leutseligkeit populär, trotz der grausamen Verfolgung der Nichtkatholiken. Sein Sohn genoß dagegen bei den Niederländern wenig Sympathien. Er verstand die Landessprachen Niederländisch und Französisch nicht, fühlte sich vollkommen als Spanier und stieß die lebenslustigen Landsleute seines Vaters durch seine kalte Hoheit und Unnahbarkeit ab. Alle wußten, daß Philipp ein fanatischer Katholik und zur gnadenlosen Ausrottung aller Andersgläubigen entschlossen war. Er besaß die typischen Merkmale eines absolutistischen Herrschers; alle, auch zweitrangige Entscheidungen wollte er selbst treffen. Neben seinem Willen sollte kein anderer bestehen. Zweifellos haben die Charaktereigenschaften Philipps II. für die Formierung einer antispanischen Oppositionsbewegung in den Niederlanden eine Rolle gespielt, sie trugen aber nur dazu bei, Widersprüche zu verschärfen, die bereits unter der Herrschaft seines Vaters bestanden.

Entstehung der antispanischen Bewegung

Schon unter Karl V. hatte es Widerstand gegen die absolutistische Zentralisierungspolitik gegeben. Diese Opposition nahm unter Philipp II. zu. Karl hatte die Niederlande wenigstens formell als einen selbständigen Teil seines Machtbereiches behandelt. Für Philipp waren sie nur eine Finanzquelle und ein militärischer Stützpunkt in Nordwesteuropa. Zunehmend wurde deutlich, daß er die niederländischen Adligen nicht mehr als seine Vasallen ansah, mit denen er durch wechselseitige Verpflichtungen verbunden war, sondern nur als Untertanen, die widerspruchslos seiner spanischen Weltpolitik zu dienen hatten. Das ständische Mitspracherecht des Adels sowie sein Vorrecht auf die Besetzung hoher politischer, militärischer und kirchlicher Ämter wurden ernsthaft bedroht, und dagegen war er zum Widerstand entschlossen. Der oppositionelle Adel besaß eine breite Massenbasis in der niederländischen Bevölkerung. Fast alle Klassen und Schichten befanden sich – aus unterschiedlichen Gründen – im Widerspruch zur spanischen Fremdherrschaft. Das städtische Patriziat wollte, wie der Adel, sein ständisches Mitspracherecht bewahren und die weitgehende städtische Autonomie innerhalb des Feudalstaates verteidigen. Kaufleute und Manufakturunternehmer erlitten durch die Weltmachtpolitik Philipps Verluste, Handwerker und Bauern wurden durch die Steuern für die Finanzierung der langandauernden Kriege der Habsburger schwer belastet, und die stark angewachsenen plebejischen Schichten der Städte sowie die Landarmut bargen sozialen Zündstoff. Die aus wirtschaftlichen, sozialen und politischen Ursachen herrührenden Spannungen wurden verschärft durch religiöse Auseinandersetzungen und Versuche Philipps und seiner Mittelsmänner, den Katholizismus

Herzog Alba im Harnisch.
Mit Oranien 1559 als Geisel in Frankreich, wurde er zehn Jahre später
als Gewährsmann Philipps II. und Statthalter der Niederlande zu Wilhelms Todfeind.
Kupferstich von Franz Huys. Rijksmuseum, Amsterdam

als die einzige Konfession durchzusetzen. Einer als fremd empfundenen Zentralgewalt stand in den Niederlanden eine Oppositionsbewegung verschiedener Klassen und Schichten gegenüber, die in sich durch soziale, wirtschaftliche, politische und religiöse Gegensätze zerrissen war, aber durch den Haß auf die spanische Fremdherrschaft geeint wurde.

Die führende Rolle in der antispanischen Bewegung spielte zunächst der Hochadel. Erstmals kam es im Jahr 1559 zum offenen Protest Hochadliger gegen Philipp II. Nach dem Frieden von Cateau-Cambrésis begann Philipp mit den Vorbereitungen für seine Abreise nach Spanien. Der seit 1551 währende Krieg gegen die Türkei und Finanzprobleme forderten dort dringend seine Anwesenheit. Voller Sorgfalt traf er Maßnahmen für die Regierung der Niederlande in seiner Abwesenheit, die den niederländischen Adel tief beunruhigten. So legte er fest, daß eine Reihe ihm bedingungslos ergebener spanischer Beamter im Lande blieb, die der Generalstatthalterin Margareta von Parma mit Rat und Tat zur Seite stehen sollten. Ferner besaßen im Staatsrat, dem obersten Gremium für die Beratung politischer Angelegenheiten, auf Philipp eingeschworene Mitglieder ein eindeutiges Übergewicht, an ihrer Spitze der als williges Werkzeug Philipps geltende Antoine Perrenot, Herr von Granvelle und Bischof von Arras. Außerdem hatte Philipp eine Kirchenreform eingeleitet, die ein Theologiestudium zur Voraussetzung für die Bekleidung kirchlicher Ämter erklärte, wodurch die meisten Adligen von dieser einträglichen Einkommensquelle ausgeschlossen wurden. Granvelle wurde Erzbischof von Mecheln und als Kardinal Primas der katholischen Kirche in den Niederlanden. Zu allem Übel hatte Philipp noch angeordnet, daß 3000 Mann spanische Eliteinfanterie in den Niederlanden verbleiben sollten.

Rückkehr Philipps II. nach Spanien

Granvelle als Philipps Vertrauensmann

Diese Maßnahmen Philipps II. bildeten fortan unter dem Hochadel das beherrschende Gesprächsthema. Bald war man sich in der Einschätzung weitgehend einig: Philipp II. versuchte, die Privilegien des niederländischen Adels zunächst auszuhöhlen, um sie dann zerbrechen, die Niederlande ihrer Selbständigkeit berauben und sie als nördlichen Stützpunkt völlig der spanischen Monarchie eingliedern zu können. Diese Politik wollten die niederländischen Großen nicht widerstandslos hinnehmen. Ihre Wortführer wurden Oranien, Egmont und Horn.

Führer der Adelsopposition

Zur Meinungsbildung sowie zur Verständigung über die einzunehmende Haltung und über gemeinsames Handeln in dieser Angelegenheit nutzten die Herren ihre Zusammentreffen bei Ständeversammlungen, bei Sitzungen des Ordens vom Goldenen Vlies, vor allem aber bei Begegnungen zu Familienfeiern, Empfängen und Jagdgesellschaften. Da über den Inhalt der Gespräche natürlich tunlichst Stillschweigen bewahrt wurde, um sich vor den Spitzeln Philipps II. abzusichern, finden sich in den Quellen nur wenige Hinweise darauf, welche politische Rolle das Hofleben dabei spielte. Sicher scheint aber zu sein, daß bei entscheidenden Fragen stets zunächst interne Beratungen von Oranien, Egmont und Horn auf ihren Kastellen oder in ihren Stadtschlössern in Brüssel stattfanden. Hatten die drei einen gemeinsamen Standpunkt gefunden, so nutzten sie in der Regel ein Hoffest, um die anderen Herren zu versammeln und zum gemeinsamen Vorgehen zu gewinnen.

Konspirative Treffen

Oranien wußte, daß Philipp II. in ihm das Haupt der Adelsopposition sah. Daher war ihm zunächst daran gelegen, Beratungen in größerem Kreis möglichst auf den Sitzen anderer Adliger durchzuführen, um sich nicht noch mehr verdächtig zu machen. Als es Anfang der sechziger Jahre jedoch zur offenen Konfrontation kam,

Lamoral, Graf von Egmont, Fürst von Gavré, Freund Oraniens.
Als einer der Führer der antiabsolutistischen Opposition des niederländischen Hochadels zog er die Unterwerfung der Flucht vor und verlor seinen Kopf.
Anonymer Stich. Rijksmuseum, Amsterdam

stellte er sowohl das Kastell von Breda als auch den Hof von Nassau in Brüssel für die Adelszusammenkünfte zur Verfügung. Er setzte seine Ehre darein, ein großzügiger Gastgeber zu sein und den Teilnehmern neben den ernsten politischen Gesprächen Zerstreuung zu bieten und fröhliche Stunden zu bereiten. Zuweilen wurden wohl die Trinkgelage auch genutzt, um unter der Wirkung des Alkohols Unschlüssige und Zögernde zum Mitmachen zu bewegen.

Am 23. Juli 1561, kurz vor seinem Aufbruch zur Leipziger Hochzeit, führte Oranien mit Egmont am Hof von Nassau eine längere Unterredung, in deren Verlauf er seinen Gast mit dem Inhalt eines Briefes vertraut machte, den er an Philipp II. adressiert hatte. Egmont schloß sich den Worten Oraniens mit einer kurzen Erklärung an. Dieser Brief brachte die Unruhe und die Spannungen im niederländischen Adel zum Ausdruck und leitete eine neue Phase der Auseinandersetzung mit den absolutistischen Zentralisationsbestrebungen ein. Er enthielt eine scharfe Anklage gegen die Regierung der Niederlande, wobei nicht die Generalstatthalterin Margareta von Parma direkt angegriffen, sondern der Hauptstoß gegen Granvelle und die spanientreuen Beamten gerichtet wurde. Im Grunde war der Brief eine offene Kampfansage an Philipp II., wenn auch die direkte Konfrontation vermieden und nur die »schlechten Ratgeber« des Landesherrn angegriffen wurden. Das erste Ziel der niederländischen Hochadligen bestand darin, den übermächtig gewordenen Granvelle zu Fall zu bringen.

Philippe de Montmorency-Nivelle, Graf von Horn. Als Freund und Kampfgefährte Egmonts ereilte ihn das gleiche Schicksal. Beide starben 1568 durch das Schwert des Henkers. Stich aus: Emanuel van Meteren, Niederländischer Krieg. Deutsche Staatsbibliothek, Berlin

Beratung der Ritter vom Goldenen Vlies

Für Ende Mai 1562 waren die Ritter vom Goldenen Vlies von der Generalstatthalterin zu einer Beratung nach Brüssel gerufen worden. Margareta von Parma ersuchte sie um die Zustimmung zu einer neuen Steuer. Die Steuergelder wollte Philipp II. zur Aufstellung von Truppen in den Niederlanden nutzen, die zugunsten der katholischen Partei und des Königs in die Auseinandersetzungen zwischen hugenottischem und katholischem Adel in Frankreich eingreifen sollten.

Oranien, Egmont und Horn nutzten die Versammlung, um die Ritter für die Oppositionsbewegung gegen Philipp zu gewinnen. Nach der Eröffnung der offiziellen Sitzungen lud Oranien die Ordensbrüder in den Hof von Nassau ein und bewirtete sie fürstlich. Nicht wenige zögerten, der Forderung zum Aufbegehren nachzukommen, weil sie sich der Tragweite und der möglichen Folgen eines solchen Entschlusses bewußt waren. Es bedurfte noch zwei weiterer Festgelage im Schlosse Oraniens, um zum Erfolg zu kommen. Mit Bitten, Schmeicheleien und Drohungen wurde auf die Herren eingewirkt. Oranien erklärte, in der bestehenden Situation gebe es nur ein Für oder ein Wider, und wer nicht für ihn und seine politischen Freunde sei, den müßten sie für ihren Feind und einen Freund Granvelles halten. Bis auf den Herzog von Aarschot und seinen Bruder, den Marquis von Havré, erklärten die niederländischen Großen schließlich ihren förmlichen Anschluß an die Partei Oraniens, Egmonts und Horns.

Die Vliesritter faßten am Hofe von Nassau den Beschluß, die Gelder für niederländische

Floris de Montmorency, Baron von Montigny,
Bruder des Grafen von Horn, wurde am 1. Oktober 1576 auf Befehl Philipps II. in Spanien ermordet.
Stich aus: Emanuel van Meteren, Niederländischer Krieg.
Deutsche Staatsbibliothek, Berlin

Hilfstruppen zur Unterstützung des französischen Königs abzulehnen und entsandten Horns Bruder, den Baron von Montigny, nach Madrid, um Philipp persönlich über die Unzufriedenheit im Lande zu informieren. Als Montigny im November 1562 aus Spanien zurückkam, brachte er keine verbindliche Stellungnahme des Königs, sondern lediglich das Versprechen, daß Philipp eventuell in die Niederlande kommen werde, um an Ort und Stelle mit den Herren über deren Beschwerden zu beraten. Die Mission Montignys war ein Mißerfolg, jedoch in anderer Hinsicht besaß die Zusammenkunft der Vliesritter im Juni 1562 am Hofe von Nassau außerordentliche Bedeutung: Mit ihr war die sogenannte Liga geboren, ein loser Zusammenschluß des niederländischen Hochadels zur Durchsetzung seiner Interessen unter Führung Oraniens, Egmonts und Horns.

Gründung der Liga am Hofe von Nassau

Die Liga wurde vorübergehend zum Interessenvertreter der gesamten antispanischen Bewegung in den Niederlanden. Nicht ohne Sorgen sahen die Herren, daß das gesamte Land in Bewegung zu geraten drohte. Es war nicht nur ein Druckmittel, wenn Wilhelm von Oranien in Schreiben an Philipp II. und die Generalstatthalterin immer wieder betonte, daß es zu einer nicht mehr zu steuernden Volkserhebung kommen könne, wenn sich das Regime in den Niederlanden nicht ändern würde. Ihm blieb nicht verborgen, daß sich das Volk immer häufiger und offener gegen Restriktionsmaßnahmen der Spanier empörte und zuweilen auch schon gewaltsamen Widerstand leistete. Zu Beginn der sechziger

Radikalismus der Volksbewegung

Spanische Soldaten richteten im Dezember 1572 unter der Bevölkerung der Stadt Naarden ein Blutbad an. Radierung von Jan Luyken. Národní galerie, Prag

Jahre brachen häufiger als sonst lokal begrenzte Unruhen in Städten und auf dem platten Lande aus. Bei öffentlichen Hinrichtungen von Ketzern kam es immer wieder zu Sympathiekundgebungen für die Verurteilten, und es gab wiederholt Versuche, den Vollzug der Urteile zu verhindern.

Zentren der Adelskonspiration

Der Hof Oraniens wurde fortan zum Zentrum der Konspiration des Hochadels. Das Angenehme mit dem Nützlichen verbindend, arrangierte

Philippe de Croy, Herzog von Aarschot, spanientreuer niederländischer Adliger.

Heinrich von Brederode, Führer des »Kompromiß« und des antispanischen Aufstandes des Kleinadels.

Stiche aus: Emanuel van Meteren, Niederländischer Krieg.
Deutsche Staatsbibliothek, Berlin

Oranien für seine politischen Freunde größere Empfänge oder traf sich in engstem Kreis mit Egmont und Horn in fröhlichen Tafelrunden, bei denen – solange die Köpfe noch klar waren – die Angelegenheiten der Liga betrieben wurden. So waren die Tage vom 13. bis 23. April 1563 erfüllt von Beratungen und gemeinsamen Feiern von Oranien und Egmont im Kastell von Breda; vom 16. bis 19. Juni traf sich Oranien mit Horn in Breda, und am 7. Juli 1563 hielt sich Horn erneut in Breda auf. Einen Tag später fand in der Nähe von Brüssel eine Zusammenkunft der Liga statt, bei der es den Herren nach einem Brief Ludwigs von Nassau an den Landgrafen Wilhelm von Hessen darum ging, »mitell und Wege zu suchen wie sie des Cardinals, als eines der alle schelmerei und tyranney in diesen länden ein anstifter ist, mögen queit [los] werden«. Weiter schrieb Nassau, die »Herrn seindt in gutter wacht dan sy trawen dem roten gesellen nit mehr dan ime gebuert«[127].

Über seinen Bruder Ludwig von Nassau stellte Oranien Verbindungen zum niederen Adel her. Ludwig war mit Heinrich von Brederode, Herr von Vianen, befreundet, dem führenden politischen Kopf des niederländischen Kleinadels. Vom 7. bis 13. November 1563 weilte Brederode als Gast in Breda. Für den 19. Januar 1565 ist sein Besuch am Hofe von Nassau belegt, bei dem es zu einem maßlosen Eß- und Trinkgelage kam. Doch auch zu nichtadligen Kräften knüpfte Oranien Kontakte. Anfang Dezember 1563 lud

Antoine Perrenot, Baron de Champagney, Herr von Granvelle.
Seit 1540 Bischof von Arras, seit 1559 im Auftrag Philipps II.
Berater der Generalstatthalterin, 1560 Erzbischof von Mecheln, 1561 Kardinal.
Stich aus: Emanuel van Meteren, Niederländischer Krieg.
Deutsche Staatsbibliothek, Berlin

er zum Beispiel die Deputierten Flanderns zu den Generalstaaten, der zentralen ständischen Vertretungskörperschaft der Niederlande, zu einem Festessen an den Hof von Nassau ein. Dabei handelte es sich fast ausschließlich um Bürgervertreter, da die Stände von Flandern von den drei großen Städten Brügge, Gent und Ypern beherrscht wurden.

Festessen für die Deputierten Flanderns

Oranien und Egmont gaben Granvelle durch eine Maskerade dem öffentlichen Spott preis. Sie kleideten im Frühjahr 1564 ihr Gefolge einheitlich in schwarze Röcke mit weiten Ärmeln, geschmückt mit Abzeichen, auf denen Köpfe und Narrenkappen eingestickt waren. Von der Generalstatthalterin zur Rede gestellt, erklärten beide, sie hätten nur Sparsamkeitsgründe im Auge gehabt und darum die unterschiedlichen und kostspieligen Livreen durch eine einheitliche mit leicht erkennbaren Merkmalen ersetzt. Jedermann durchschaute jedoch die Absicht, daß diese Livreen eine Verhöhnung des Kardinals und seiner Anhänger sein sollten. Die Narrenkappen auf den Abzeichen verstand man als eine Anspielung auf den Kardinalshut, und in den Köpfen glaubte man Karikaturen von Granvelle, Aarschot und anderen spanischen Parteigängern zu erkennen. Innerhalb weniger Tage wurden etwa 2000 solcher Abzeichen in Brüssel verkauft, die als Symbol der Ablehnung der spanischen Fremdherrschaft galten.

Verspottung Granvelles

Philipp merkte offenbar allmählich, daß der geschlossene Widerstand der Liga mit Granvelle als seinem verlängerten Arm nicht zu überwinden sein würde. Ein gewaltsames Vorgehen war ihm zu diesem Zeitpunkt nicht möglich, da er sich im Türkenkrieg nach einer Kette militärischer Mißerfolge in schwerer Bedrängnis befand. So entschloß er sich, seinen getreuen Diener zu opfern, um der Opposition der Liga erst einmal den Stachel zu nehmen. Er ließ Granvelle wissen, daß dieser die Niederlande für einige Zeit verlassen müsse, um seine kranke Mutter in Burgund zu besuchen. Granvelle verstand sehr wohl die Zusammenhänge und reiste am 13. März 1564 ab.

Granvelle muß gehen

Oraniens Freude war grenzenlos. Der Sieg über Granvelle wurde von ihm mit Egmont, Horn und anderen Freunden und Vertrauten ausgiebig gefeiert. Die Herren waren nunmehr guten Mutes, auch ihre eigentlichen politischen Ziele zu erreichen: die Durchsetzung ihres Anspruchs auf die höchsten Ämter und Würden in den Niederlanden sowie die uneingeschränkte Bewahrung ihres ständischen Mitspracherechts.

Die Liga befürchtete, daß durch die strenge Verfolgung der Nichtkatholiken die Unruhe im Volk wachsen und sich zu einer allgemeinen Empörung ausdehnen könnte. Darum, und sicher auch, weil zumindest Oranien und einigen anderen Herren religiöse Intoleranz zuwider war, baten sie Philipp wiederholt um eine Milderung der Behandlung Andersgläubiger. Ferner drangen die Herren auf eine Verwaltungsreform, die ihnen größeren Einfluß auf die Regierungsgeschäfte sichern sollte. So schlugen sie vor, den Staatsrat durch fähige Männer zu verstärken, die beim Volk in Ansehen standen. Egmont reiste im Januar 1565 nach Spanien, um Philipp diese Wünsche nahezubringen.

Am 5. November 1565 traf die Willenserklärung in Gestalt von drei Briefen, formuliert auf seinem Landsitz in Segovia, in Brüssel ein. Diese

Die Briefe aus Segovia

»Briefe aus Segovia« zerschlugen alle Hoffnungen des oppositionellen Hochadels auf ein Einlenken des Monarchen, der scharf und bestimmt erklärte, es werde ihm nie in den Sinn kommen, die Ketzer weniger streng zu verfolgen. Der Staatsrat wurde zwar erweitert, aber, wie zum Hohn der Liga, durch den Herzog von Aarschot, der als spanientreu bekannt war. Die Liga schien wie gelähmt und zog sich auf eine Politik des passiven Widerstands zurück.

In dieser Situation wurden Teile des niederen Adels aktiv. Dieser erlebte direkter und intensiver als der Hochadel die wachsende Unzufriedenheit im Lande, und in seinen Reihen wuchs die Furcht vor einem Volksaufstand. Dazu kam, daß der niedere Adel durch den beginnenden Aufbau einer absolutistischen Behördenorganisation zunehmend in seinen lokalen Herrschaftsrechten eingeschränkt und dadurch in die Opposition getrieben wurde. Nicht wenige seiner Angehörigen näherten sich dem Calvinismus oder traten ganz zu ihm über, da dieser mit dem Widerstandsrecht eine ideologische Rechtfertigung für die Opposition gegen den Landesherrn bot.

Anfang Dezember 1565 trafen sich etwa 20 calvinistisch gesinnte Kleinadlige im Hause des Grafen Culembourg in Brüssel und beschlossen, sich gegen die Ketzerverfolgungen zur Wehr zu setzen. Kurz vor Weihnachten fand eine zweite Versammlung statt, auf der der Entwurf einer programmatischen Schrift, der »Kompromiß«, vorgelegt und beraten wurde. An diesen Beratungen nahmen auch Heinrich von Brederode und Ludwig von Nassau teil. Nachdem man den Entwurf verbessert und schließlich gutgeheißen hatte, wurden sieben Exemplare in Reinschrift verfertigt und von allen Anwesenden unterschrieben. Der Bund des Kleinadels erhielt seinen Namen nach der Gründungsurkunde, dem »Kompromiß«. Darin hatten sich die Unter-

Die Gründung des Kompromiß

Die Mitglieder des »Kompromiß« überbringen der Generalstatthalterin Margareta von Parma am 5. April 1566 eine Petition. Kupferstich von Franz Hogenberg. Deutsche Staatsbibliothek, Berlin

zeichner verpflichtet, nicht zuzulassen, »daß die Inquisition in irgendwelcher Gestalt angenommen und eingeführt werden, sei es offen oder verhüllt . . . sondern sie ganz zu vertilgen und auszurotten als die Mutter und die Ursache jeder Unordnung und Ungerechtigkeit«. Der Bund sollte lebenslang gelten und die Mitglieder versprachen, einander »mit Gut und Blut als Brüder und treue Gefährten« beizustehen.[128]

Nach kurzer Zeit gehörten dem »Kompromiß« etwa 500 Kleinadlige aus allen niederländischen Territorien an. Zu seinen Mitgliedern zählten

Geusen-Jetons.
Solche auf Geusensiegel geprägte Münzen dienten der Propaganda.
Universitätsbibliothek, Leipzig

auch Heinrich von Brederode und Ludwig von Nassau. Ludwig wollte zunächst nicht unterzeichnen, da er landesfremd war, tat dann aber, wahrscheinlich auf Drängen seines Bruders, dem ein vertrauenswürdiger Gewährsmann im Kleinadelsbund natürlich sehr lieb war, doch diesen Schritt. Bald zählten er und Brederode zu den Führern des Bundes.

Oranien erhielt durch seinen Bruder stets die neuesten Informationen über die Aktivitäten des »Kompromiß« und nahm über ihn auch Einfluß auf dessen Führung. Vor allem versuchte er, den Bund von gewaltsamen Aktionen abzuhalten. Oranien war daran gelegen, die Liga des Hochadels und den »Kompromiß« zu vereinen. Er wußte jedoch, daß ein allzu aggressives Auftreten des zudem noch calvinistisch geprägten Bundes den größten Teil der katholischen Herren der Liga abstoßen würde.

Beratung von Liga und Kompromiß in Breda

Anfang Februar 1566 lud Oranien die Herren der Liga zu einer Beratung über ein eventuelles Zusammengehen mit dem »Kompromiß« in das Kastell von Breda ein. Am 12. März inszenierte er ein Treffen von Vertretern der Liga und des »Kompromiß« im Schloß des Grafen von Hoogstraten. Bei diesem Treffen spaltete sich die Liga. Während Oranien bereit war, sich an die Spitze einer Front des gesamten niederländischen Adels zu stellen, zeigten sich Horn und einige andere Herren unentschlossen, während Egmont und die Mehrheit der Liga ein Zusammengehen mit dem »Kompromiß« rundweg ablehnten.

Nun entschied sich der »Kompromiß«, selbständig in Aktion zu treten. Am 3. April 1566 ritten etwa 300 seiner Mitglieder bewaffnet in Brüssel ein. Ludwig von Nassau und Brederode weilten bereits seit dem 1. April am Hofe von Nassau. In der Mittagsstunde des 5. April zogen die Mitglieder des Adelsbundes zu Fuß, in langer Reihe zu zweit nebeneinander zum Palast der

Die Petition des Kompromiß

Generalstatthalterin. Heinrich von Brederode übergab Margareta von Parma eine Petition, deren Hauptinhalt in der Bitte bestand, sie möge sofort bei Philipp II. darauf dringen, die Ketzerverfolgung einzustellen und künftig neue Gesetze nur im Einvernehmen mit den Generalstaaten zu erlassen. Margareta wußte den »Kompromiß« im Einverständnis mit dem größten Teil der Nieder-

Bildersturm.
Die Calvinisten reinigten die Kirchen von ihrer Meinung nach
nicht anbetungswürdigen Kunstwerken.
Kupferstich von Franz Hogenberg, 1566.
Bibliothèque Nationale, Paris

länder und wagte es nicht, die Petition rundweg abzulehnen. Sie ließ den Adelsbund am 6. April wissen, sie werde ein entsprechendes Schreiben an Philipp II. senden. Allerdings habe sie selbst nicht das Recht, die Verfolgungen aufzuheben, werde aber bis zum Eintreffen einer Antwort des Königs die Behörden zur Zurückhaltung veranlassen.

Als die Mitglieder des »Kompromiß« von Margareta empfangen wurden, soll nach zeitgenössischen Überlieferungen Graf Berlaymont, ein königstreues Mitglied des Staatsrats, die Verunsicherung der Generalstatthalterin bemerkt und beruhigend in überheblichem Ton zu ihr gesagt haben: »Madame, haben Ihre Hoheit Angst vor diesen Bettlern?«[129] Brederode hörte diese Worte, wiederholte sie abends bei einem Festessen, als die Adligen ihren Erfolg feierten, und erklärte, er werde fortan den Bettelsack und einen hölzernen Trinknapf als Ehrenzeichen tragen und den Namen Bettler (französisch gueux) als Ehrennamen ansehen. Er leerte seinen Becher in einem Zug und rief laut: »Es leben die Bettler!«[130] Aus dem französischen gueux wurde im Niederländischen geus. Bald wurden alle Angehörigen der antispanischen Bewegung Geusen genannt.

Es leben die Geusen!

Oranien bemühte sich vergeblich um die Neuformierung einer einheitlichen antispanischen Oppositionsbewegung. In dem Maße, wie bürgerlich-calvinistische Kräfte an Einfluß gewannen, differenzierte sich der oppositionelle Adel. Die Liga zerfiel im Frühsommer 1566 völlig, der »Kompromiß« verlor den größten Teil seiner katholischen Mitglieder. Die Mehrheit des Adels war nicht bereit, in der Auseinandersetzung mit Philipp II. ein Bündnis mit Nichtkatholiken und der Volksbewegung einzugehen. Es bildete sich eine antiabsolutistische Koalition aus wenigen Vertretern des Hochadels mit Wilhelm von Oranien an der Spitze, einer starken Mehrheit des niederen Adels, eines Teils des entstehenden Handels- und Manufakturbürgertums, des Kleinbürgertums und der calvinistischen Prediger.

Zerfall der Liga

Bildersturm – Beginn der Revolution

Als im August 1566 mit dem Bildersturm die niederländische frühbürgerliche Revolution ausbrach, zerfiel diese Koalition. Oranien beteiligte sich kräftig an der militärischen Niederwerfung des Volksaufstandes und sah der Unterdrückung einer Erhebung des calvinistischen Kleinadels im Frühjahr 1567 tatenlos zu. Allerdings gab er auch deutlich zu erkennen, daß er im Unterschied zu den anderen Hochadligen nicht bereit war, seine oppositionelle Haltung gegenüber der absolutistischen Politik Philipps II. aufzugeben und sich zu unterwerfen. Da sich Oranien auf Grund der aus Spanien kommenden Nachrichten sicher war, daß Philipp II. ein Strafgericht in den Niederlanden halten würde, gab es für ihn mit dieser Entscheidung nur noch zwei Möglichkeiten: entweder im Lande zu bleiben mit der Gewißheit, über kurz oder lang als Rebell gegen den Landesherrn verurteilt zu werden, oder sich dem Zugriff Philipps zu entziehen, sich in das Exil zu begeben und von dort den Kampf um seine Privilegien fortzusetzen. Dies war der Hintergrund für die eingangs geschilderte anekdotenhafte Begebenheit. Mit der Flucht Oraniens aus den Niederlanden vor dem Anmarsch Albas im Frühjahr 1567 hörte der Hof Oraniens auf zu bestehen.

Tod oder Exil

Novus XVII Inferioris Germaniæ Provinciarum Typus de integro multis in locis emendatus à Guliel. Blaeu.
Cautum est privilegio illustrißimorum D.D. Ordinum fæderatarum provinciarum, ne quis intra sexennij spacium hunc inf. Germ. typum ullâ ratione exsculpat aut effingat, ut liquet ex literis de hoc privilegio concessis
Oceanus Germanicus
De Noord Zee
Zuyder Zee
Texel
Vlielandt
Der Schelling
Ameland
Walcheren
Schouwen
Drente
Valkenborg
Comitatus Hoern
Iulia
Recklinc husen
Ghedruckt t'Amsterdam by Willem Blaeu op't Water inde vergulde Zonnewyser
Milliaria Germanica communia Ghemene Duytsche mylen
Milliaria Belgica sive Horæ itineris Neerlandsche mylen ofte uren gaens
Milliaria Gallica mediocria Middelbare Walsche mylen

Vorhergehende Seite:
25 Karte der Niederlande aus:
Novus Atlas, das ist Weltbeschreibung und vollkommene Abbildung
aller Welt vornehmer Königreiche, Länder und Provintzen . . ., Teil 1. Amsterdam, 1644.
Akademie der Wissenschaften der DDR. Institut für Geographie und Geoökologie, Leipzig

26 Wilhelm von Oranien verläßt Antwerpen
und flieht über Breda in das Exil nach Dillenburg.
Aus dem Kupferstichwerk von Franz Hogenberg, 1535 bis 1610, Blatt V. 7.
Deutsche Staatsbibliothek, Berlin, Kartenabteilung

27 Ansicht von Dillenburg,
Residenz der Grafen von Nassau-Dillenburg.
Nach Verlassen der Niederlande suchte Oranien hier Zuflucht.
Aus: Georg Braun und Franz Hogenberg,
Beschreibung und Contrafactur . . ., Colln 1575, Band VI, 12.
Deutsche Staatsbibliothek, Berlin, Kartenabteilung

28 Hernán Alvárez de Toledo y Pimentel, III. Herzog von Alba.
Als Statthalter der Niederlande von 1567 bis 1573 und Gegenspieler Wilhelms von Oranien
zeichnete er verantwortlich für die Greuel der »spanischen Furie«.
Gemälde eines unbekannten Künstlers.
Staatliche Galerie Dessau, Schloß Georgium

29 Einzug Albas in Brüssel am 22. August 1567.
Aus dem Kupferstichwerk von Franz Hogenberg, 1535 bis 1610, Blatt V. 8.
Deutsche Staatsbibliothek, Berlin, Kartenabteilung

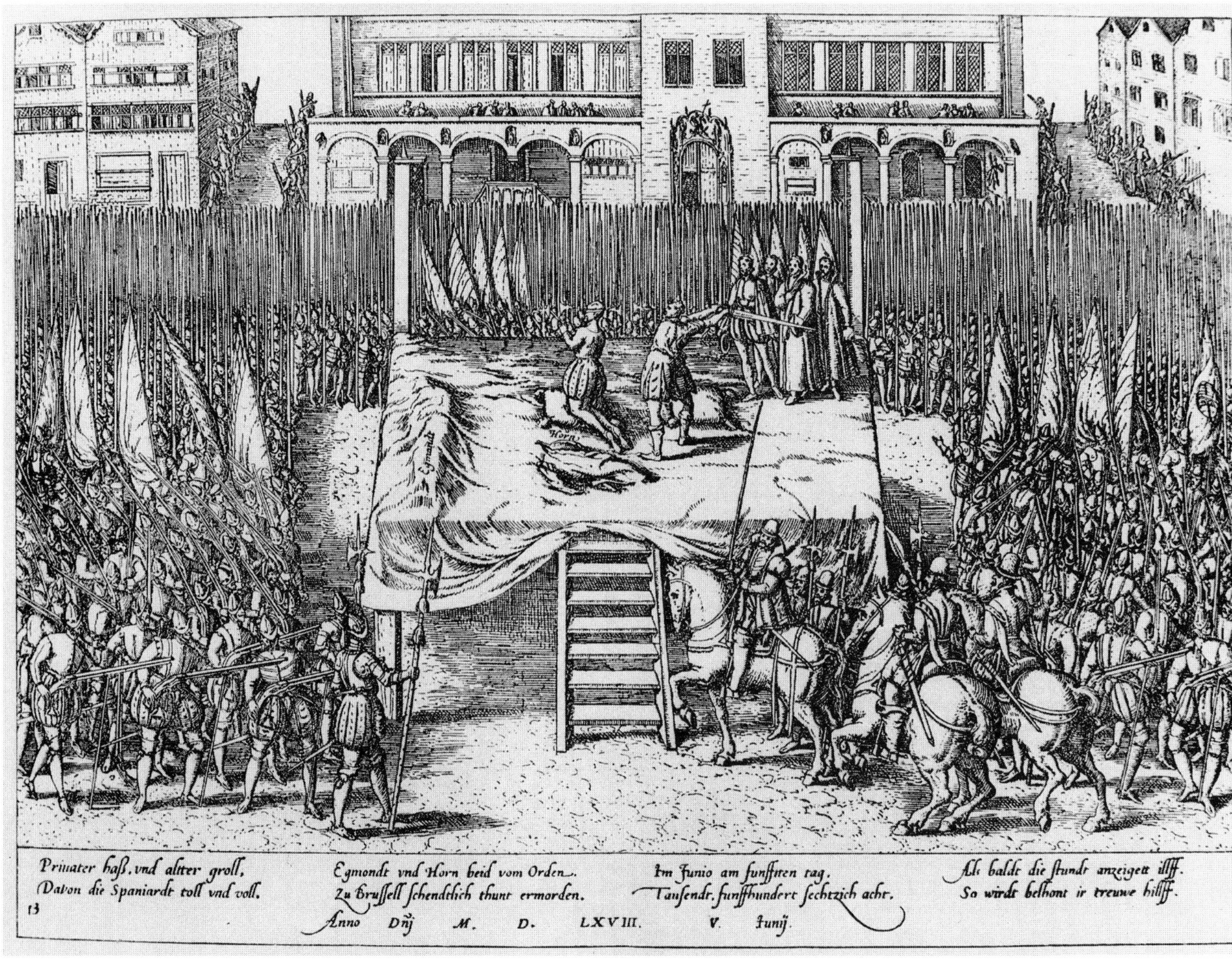

30 Hinrichtung von Egmont und Horn auf dem Großen Markt von Brüssel am 5. Juni 1568. Beide hatten es abgelehnt, mit Oranien zu fliehen, und waren nach dem Einmarsch Albas verhaftet und zum Tode verurteilt worden. Aus dem Kupferstichwerk von Franz Hogenberg, 1535 bis 1610, Blatt 13. Staatliche Bücher- und Kupferstichsammlung, Greiz

31 Ermordung Oraniens durch Balthazar Gérard am 10. Juli 1584 in Delft.
Kupferstich von Franz Hogenberg.
Deutsche Staatsbibliothek, Berlin

32 Wilhelm von Oranien.
Gemälde von Adrian Thomaszoon Key, um 1580.
Mauritshuis, Den Haag

WILHELM VON ORANIEN IN SEINER ZEIT

WILHELMUS VAN NASSAUWE
BEN IK VAN DUYTSCHEN BLOET.
DEN VADERLAND GETROUWE
BLIJF IK TOT INDEN DOET;
EEN PRINCE VAN ORAENGHIEN
BEN IK VRIJ ONVER-
WEERD DEN CONINCK
VAN HISPANGIEN HEB IK
ALTIJD GHEERT.[131]

So lautet die erste Strophe des wahrscheinlich berühmtesten Geusenliedes aus der Zeit der niederländischen frühbürgerlichen Revolution, des wohl um das Jahr 1568 entstandenen »Wilhelmus«, das heute die Nationalhymne des Königreiches der Niederlande ist. Das Lied zeugt von der Popularität des Oraniers, der zu einer der führenden Persönlichkeiten der Revolution reifen konnte. Obwohl seine ursprünglichen Ziele, vor allem die Verteidigung seiner ständisch-feudalen Privilegien gegen die Zentralisationsbestrebungen des spanischen Absolutismus, sich durchaus von den Interessen der Masse der Bevölkerung unterschieden, wurde er zu einer Symbolfigur des Volkskampfes gegen die spanische Fremdherrschaft.

Schreckensherrschaft Albas

Oraniens geschichtliche Bedeutung ist nur zu erklären, wenn man sein Wirken in die Revolution der Niederlande einordnet, die mit dem Bildersturm und der Erhebung des niederen Adels im Jahre 1566 begann. Nach der Niederschlagung dieser Aufstände und dem Einmarsch Albas mit 10 000 Mann spanischer Elitetruppen kam es 1567 zu einer »Pause der Revolution«, die bis zum Jahre 1572 reichte. Diese Jahre waren gekennzeichnet durch das Terrorregime Albas, der jegliche antispanische Regung blutig unterdrückte. Alba konnte jedoch mit seiner Schrekkensherrschaft den Widerstand der Niederländer nicht endgültig brechen. In Flandern und in Brabant bildeten sich Abteilungen bewaffneter Männer, die plötzliche Überfälle auf spanische Söldner ausübten. Gefährlicher noch als diese sogenannten Buschgeusen wurden für Alba die Wassergeusen, zumeist holländische und seeländische Fischer und Seeleute.

Wassergeusen

Am 1. April 1572 eroberten die Wassergeusen die holländische Stadt Den Briel. Überall wurde diese Nachricht von den Niederländern freudig begrüßt. Aus allen Provinzen erhielten die Wassergeusen Zulauf von kampfentschlossenen Männern. Von Den Briel aus wurden die Spanier in wenigen Wochen aus Holland und Seeland vertrieben; calvinistische Kaufleute übernahmen in diesen Provinzen die Regierungsgewalt. Am 15. Juli 1572 fand in Dordrecht eine Versammlung der Staaten von Holland statt. Diese Zusammenkunft stellte einen revolutionären Akt dar, denn die Vertreter der aufständischen Städte versammelten sich nicht nach der Einberufung durch einen feudalen Landesherrn, sondern aus eigener Machtposition heraus. Die alte feudale

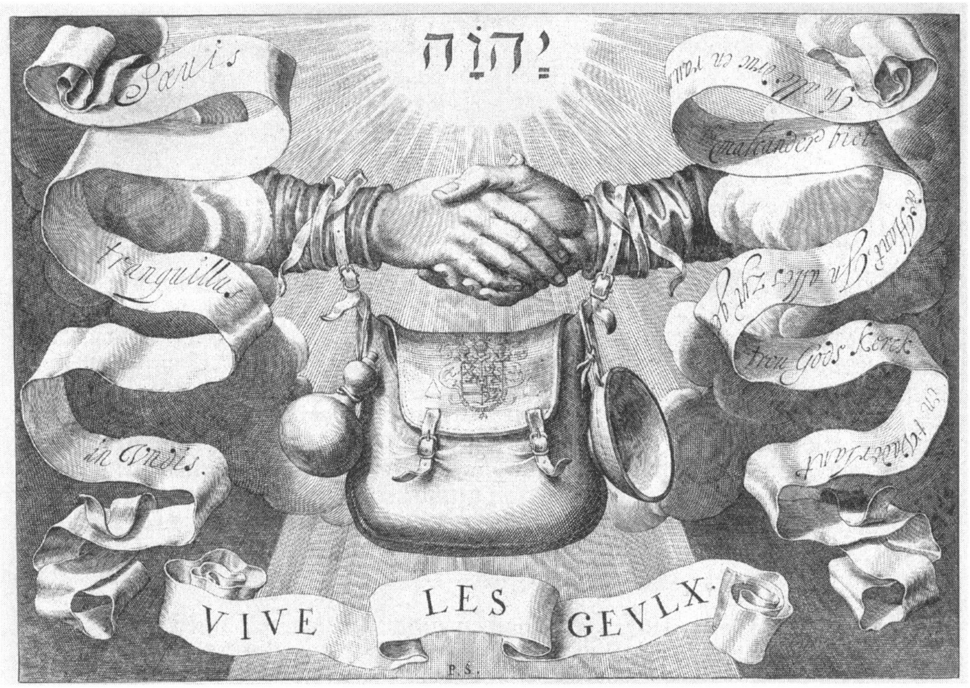

Symbole des Geusenbundes:
Bettelsack mit Napf und Krug.
Aus: A. Valerius »Gedenc-clanc«, 1622.
Rijksmuseum, Amsterdam

Ständeorganisation blieb der Form nach bestehen, sie erhielt jedoch einen neuen Inhalt und wurde zu einer Institution bürgerlicher Herrschaft. Aus eigener Machtvollkommenheit heraus wählten die Staaten von Holland Wilhelm von Oranien zu ihrem Statthalter, der ohne ihre Zustimmung keine wichtige politische Handlung ausführen durfte. Die Staaten von Seeland folgten wenig später diesem Beispiel. Die Revolution hatte im Sommer 1572 in Holland und Seeland gesiegt.

Sieg der Revolution in Holland und Seeland

Trotz des Einsatzes seiner gesamten Heeresmacht und einer grausamen Kriegführung konnte Alba Holland und Seeland nicht zurückerobern. Philipp II. setzte Alba im Herbst 1573 als Generalstatthalter ab, doch auch dessen Nachfolger konnten in den folgenden Jahren Holland und Seeland nicht in die Knie zwingen. Infolge der ständigen Übergriffe der spanischen Soldateska flammte auch in den übrigen Provinzen die antispanische Bewegung wieder auf, und am 8. November 1576 unterzeichneten die Vertreter von deren Staatenversammlungen ein Abkommen mit Holland und Seeland. Diese »Genter Pazifikation« war ein Friedens- und Beistandspakt. Beide Seiten einigten sich auf ein gemeinsames Vorgehen gegen die Spanier und setzten religiöse Streitigkeiten zwischen den in

Die »spanische Furie« in Antwerpen.
Kupferstich von Franz Hogenberg.
Deutsche Staatsbibliothek, Berlin

Holland und Seeland regierenden Calvinisten und den überwiegend katholischen Provinzen vorläufig aus.

Genter Pazifikation

Nach der »Genter Pazifikation« entstanden auch in den anderen Provinzen günstigere Bedingungen für die Revolution. Die revolutionären Kräfte fanden ein freieres Betätigungsfeld. In den großen Städten Flanderns und Brabants kam es zu einer Radikalisierung der Bewegung. In Gent ergriffen im November 1577 calvinistische kleinbürgerlich-demokratische Kräfte die Macht. Diese Genter Radikalen gingen Anfang 1578 in die

Offensive und begannen einen revolutionären Volkskrieg gegen das katholisch-gemäßigte und zum Teil spanienfreundliche Patriziat anderer Städte. Die revolutionäre Offensive erschreckte den Adel in den südlichen Provinzen. Er sah seine Herrschaft bedroht und suchte Anlehnung bei der Macht, die ihm den Bestand der alten Ordnung am sichersten garantierte, bei den Spaniern. Am 6. Januar 1579 schlossen die vom Adel beherrschten Staaten von Artois und Hennegau die Union von Arras und erkannten die unbeschränkte Autorität Philipps II. an.

Union von Utrecht

Wenig später, am 23. Januar 1579, vereinten sich die Staaten von Geldern, Holland, Seeland, Utrecht und Groningen zur Union von Utrecht, der später Friesland und Overijssel beitraten. Mit dieser Vereinigung war der Grund für ein eigenständiges bürgerliches Staatswesen im Norden der Niederlande gelegt. Am 26. Juli 1581 vollzogen die Generalstaaten, als die sich die in der Union von Utrecht vereinten Provinzen verstanden, einen folgerichtigen Schritt: König Philipp II. von Spanien wurde von ihnen als Landesherr abgesetzt. Als sich die Generalstaaten Anfang 1588 entschieden, keinem Fürsten mehr die Landesherrschaft anzubieten, trat ohne feierliche Proklamation die erste bürgerliche Republik in die Weltgeschichte ein.

Erste bürgerliche Republik

Nach seiner Flucht nach Dillenburg im Frühjahr 1567 hatte Wilhelm von Oranien versucht, mit Unterstützung seiner Verwandten, anderer deutscher Fürsten und auswärtiger Mächte die Meinungsverschiedenheiten mit seinem Lehnsherrn Philipp II. auf feudale Weise durch Privatfehden auszutragen. Die Hilfe blieb jedoch gering, und Oranien, der sich zudem als schlechter Feldherr erwies, erlitt mit seinen Söldnerheeren in zwei Feldzügen gegen Alba 1568 und 1572 schmähliche Niederlagen. Schließlich blieben ihm das calvinistische Bürgertum und die klein-bürgerlich-demokratischen Revolutionäre, mit denen er zunächst keineswegs zusammengehen wollte, die er im Bildersturm sogar bekämpft hatte, als einzige potentielle Verbündete. Er erkannte, daß er seine Ziele nur im Zusammengehen mit ihnen erreichen konnte, und versuchte, sich an ihre Spitze zu stellen.

Oranien an der Spitze der Revolution

Mit der Übernahme des Statthalteramtes von Holland und Seeland im Jahre 1572 tat Oranien einen entscheidenden Schritt, der ihn, ohne daß er sich dessen bewußt war, die Grenzen feudalen Interesses überwinden ließ: Er trat an die Spitze eines in der Revolution geborenen Staatswesens. Zweifellos hängt es mit einer Reihe besonderer Charakterzüge und persönlicher Eigenheiten zusammen, daß Oranien als einziger niederländischer Hochadliger im Widerstand gegen Philipp II. verharrte und sich zu der Konsequenz durchringen konnte, den Kampf für seine Rechte an der Spitze ihm an sich fremder sozialer Kräfte fortzusetzen. Er war von tiefem Adelsstolz im allgemeinen und vom Stolz auf die Traditionen seiner Familie im besonderen beseelt. Die Zentralisierungspolitik Philipps II. und den Terror Albas empfand er als persönliche Beleidigung und als Verletzung des Besitzes und des Ansehens seines Geschlechts, die er sühnen und zugleich alle Gerechtsame und Besitzungen wiedergewinnen wollte.

Oranien besaß einen starken Willen. Ein einmal als richtig erkanntes Ziel gab er so schnell nicht wieder auf, sondern suchte es mit aller Energie und dem Einsatz seiner ganzen Persönlichkeit auch unter den widrigsten Umständen zu erreichen. Da aller religiöser Fanatismus ihm zuwider lief, bildete sein Eintreten für religiöse Toleranz und religiösen Ausgleich die Voraussetzung dafür, daß er vorübergehend zur Zentralfigur aller antispanischen Kräfte in den Niederlanden werden konnte.

Standbild Albas,
das dieser sich selbst und seinem Sieg über Oranien
1569 in Brüssel errichten ließ. Die Inschrift lautet:
Dies ist Fernando Alvarez de Toledo, III. Herzog von Alba,
Regent des spanischen Königs in Belgien,
zu Ehren aufgerichtet, weil er den Aufruhr niedergeworfen,
die Rebellen vertrieben, die Religion wieder aufgerichtet,
die Geselligkeit gefördert und den Provinzen den Frieden gefestigt hat.
Stich aus: Emanuel van Meteren, Niederländischer Krieg.
Deutsche Staatsbibliothek, Berlin

Schließlich erwies sich Oranien in seinem politisch-ideologischen Denken als lernfähig. Als ihm das calvinistische Bürgertum und die Volksmassen als einzige Stütze verblieben und er jahrelang fast nur von Calvinisten umgeben war, nahm er vieles von deren Gedankengut auf. Im Dezember 1573 trat er selbst zum Calvinismus über. Er gelangte auch zu neuen Einsichten und Urteilen über das einfache Volk, ohne jedoch seine grundsätzlichen Positionen aufzugeben.

Oranien als Calvinist

Als Statthalter und militärischer Oberbefehlshaber hatte Wilhelm von Oranien einen beträchtlichen Anteil an der erfolgreichen Verteidigung der revolutionären Provinzen. Obwohl er als Führer angreifender feudaler Söldnerheere versagte, wuchsen seine persönlichen Eigenschaften doch bei der Organisation und Leitung der Verteidigung zu starken Führungsqualitäten: Umsicht, Hartnäckigkeit, Findigkeit, diplomatisches Geschick, Durchsetzungsvermögen, agitatorische Überzeugungskraft und mitreißende persönliche Einsatzbereitschaft.

Scheitern der Toleranzpolitik

Mit dem Abschluß der »Genter Pazifikation« wähnte sich Oranien seinem Ziel nahe: den von spanischer Fremdherrschaft befreiten, religiös toleranten Niederlanden, die sich bei entscheidendem Einfluß des Hochadels selbst regierten und in denen er sich eine herausragende persönliche Stellung erhoffte. Doch die Politik des sozialen und religiösen Ausgleichs scheiterte sowohl am Widerstand der feudalen Konterrevolution als auch am Drängen der radikalen kleinbürgerlich-demokratischen Calvinisten nach Weiterführung der Revolution.

Bannspruch Philipps II.

Die letzten Lebensjahre Oraniens wurden durch politische Mißerfolge und schwere persönliche Schicksalsschläge bestimmt. Am 15. März 1580 sprach Philipp II. den Bann gegen ihn aus und stellte ihn damit außerhalb des Gesetzes. Jeder erhielt das Recht, ihn zu töten. Dem Mörder wurde eine hohe finanzielle Belohnung, die Vergebung aller von ihm eventuell begangenen Verbrechen und die Erhebung in den Adelsstand versprochen. Dagegen drohte allen Anhängern Oraniens, die ihn nicht innerhalb eines Monats verließen, eine schwere Bestrafung und der Verlust aller Güter. Oranien schwebte nunmehr ständig in Lebensgefahr, denn er mußte außer politisch motivierte Attentäter auch die gesamte europäische Verbrecherwelt fürchten.

Viele schon schwankende Anhänger verließen den Geächteten. Vor allem Adlige fürchteten für den Fall einer Niederlage der aufständischen Provinzen um ihre Besitzungen. Das Gefühl der Vereinsamung, das Oranien nun zuweilen überkam, wurde noch genährt durch den Tod seiner Mutter am 15. Juni 1580, die er tief verehrte und von der er immer wieder in einfachen Worten Trost und Ermunterung erfahren hatte.

Attentat in Antwerpen

Unter dem Vorwand, eine Bittschrift überreichen zu wollen, verschaffte sich Juan Jaureguy, der Gehilfe eines spanischen Kaufmanns, am 18. März 1582 in Antwerpen Zugang zu Oranien und feuerte aus nächster Nähe eine Pistole auf ihn ab. Die Kugel drang unter dem rechten Ohr in den Hals, durchschlug den Gaumen und kam durch die linke Kinnlade wieder hinaus. Der Attentäter wurde von der Leibwache Oraniens getötet. Es schien anfangs, als sollte Oranien von der schweren Verwundung schnell genesen, doch nach zwei Wochen brach die Halswunde wieder auf und begann heftig zu bluten. Da die Wunde nicht fest genug verbunden werden konnte, weil man sonst den Patienten erdrosselt hätte, kam ein Arzt auf den Einfall, daß Diener, die sich ständig ablösten, einen Daumen auf die Wunde halten mußten, die sich nach bangen Tagen und Nächten tatsächlich wieder schloß. In dem Maße, wie sich der Zustand Oraniens verbesserte, verfiel die Gesundheit seiner Frau

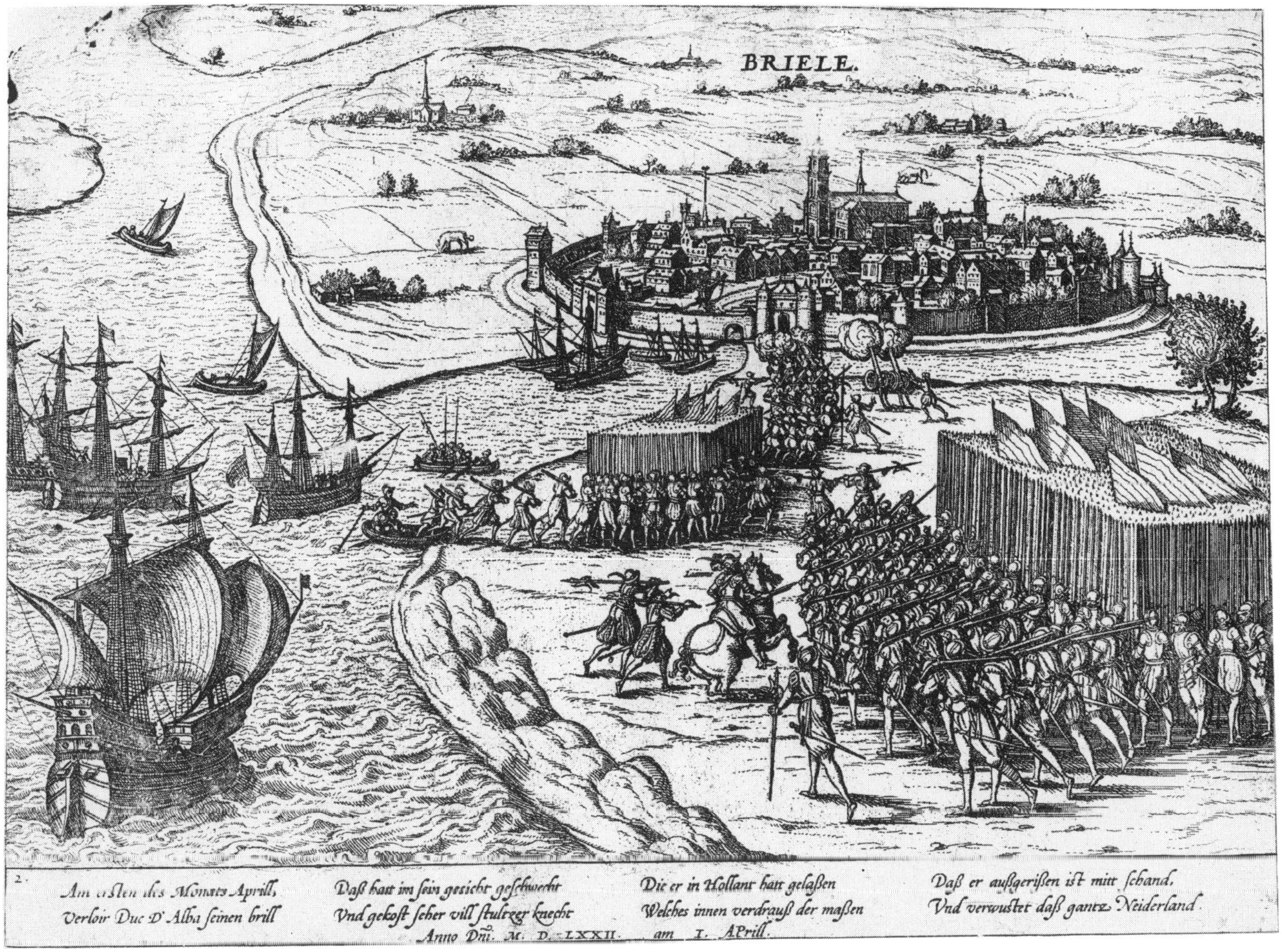

Die Wassergeusen eroberten am 1. April 1572 Den Briel.
Das war der Beginn des erfolgreichen antispanischen Aufstandes in Holland und Seeland.
Kupferstich von Franz Hogenberg. Deutsche Staatsbibliothek, Berlin

Charlotte de Bourbon. Sie bekam ein schweres Fieber und zog sich eine Lungenentzündung zu. Oranien konnte am 2. Mai 1582 erstmals wieder an einem Gottesdienst teilnehmen, drei Tage später verstarb seine Frau.

Am 10. Juli 1584 begab sich der inzwischen mit Louise de Coligny verehelichte Wilhelm von Oranien mit seiner Familie und dem Bürgermeister von Leeuwarden zum Mittagsmahl in das Speisezimmer seiner Wohnung im ehemaligen Delfter Agathenkloster. Vor der Tür näherte sich ihm ein junger Mann und bat ihn um die Ausstellung eines Reisepasses. Dieser François Guion war bereits einige Wochen zuvor an Ora-

Der Todesschuß von Delft

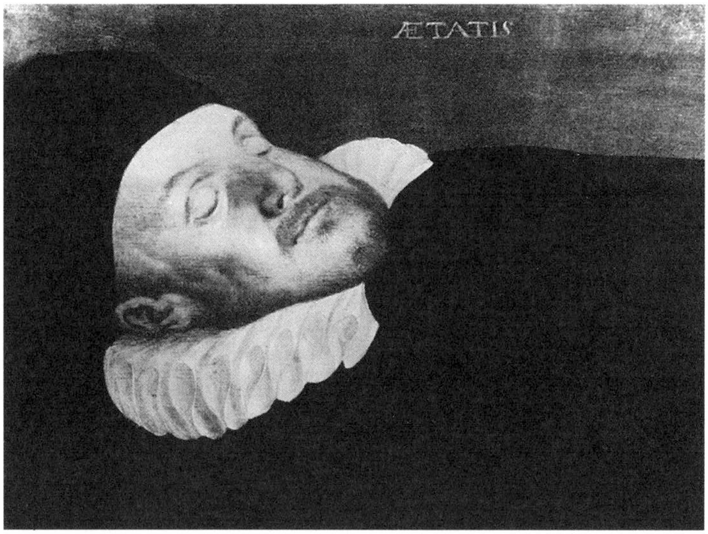

Wilhelm von Oranien auf dem Totenbett.
Gemälde von Christiaen Jansz van Bieselingen. Zaltbommel, Ratssaal (gestohlen)

nien herangetreten, hatte als verfolgter Protestant aus Besançon um Schutz und Hilfe gebeten und als Bote eine Stellung bekommen. In Wahrheit handelte es sich bei diesem siebenundzwanzigjährigen Mann aber um Balthazar Gérard, einen fanatischen Katholiken aus Burgund, der sich schon in frühester Jugend geschworen hatte, Oranien umzubringen. Um zwei Uhr war das Mittagsmahl beendet. Oranien stieg gemächlich die Treppe zum Obergeschoß hinauf, als plötzlich Gérard auf ihn zutrat und aus einem halben Meter Entfernung eine mit drei Kugeln geladene Pistole auf seine Brust abfeuerte. Nach kurzem Todeskampf starb Wilhelm von Oranien auf einer provisorischen Lagerstatt im Speisezimmer.

Gegen den Mörder wurde nach schrecklichen Folterungen ein grausames Todesurteil gefällt und am 14. Juli 1584 vor dem Delfter Rathaus vollstreckt. Gérard ertrug die genau vorgeschriebenen Quälereien, die der Chronist van Meteren wie folgt überlieferte, mit großer Standhaftigkeit:

Hinrichtung des Attentäters

»Das er nemblich auff ein Geruest (so vor dem Rathauß soll auffgericht werden) gefuehrt: daselbst ihm erst die rechte Handt/ mit welcher er diese Verraehterische und Moerderische that vollbracht/ mit einem glueenden Eysen geschruempffet und abgebrandt/ demnach sechsmal mit glueenden Zangen an unterscheydtlichen oertern deß Leibs/ als Armen/Beynen/ und andern fleischichten Gliedern gepetzet/ oder gerissen/ und dann also lebendig in viertheil von unten auff beginnet gevviertheilt/ sein Bauch auffgeschnitten/ sein untrewes Hertz herauß genommen/ und in sein des Mörders Angesicht dreymal geschlagen werden/ alsdan der Kopff abgehawen/ die viert theil deß Coerpers von einander geschnitten/ auf die vier Bolwerck der Statt als der Haechtpforten/ Oestpforten/ Ketelpforten und Waterpforten gehenckt/ der Kopf aber auff den

Feierlicher Trauerzug zur Beisetzung Wilhelms von Oranien am 3. August 1584 in Delft. Kupferstich von Franz Hogenberg. Deutsche Staatsbibliothek, Berlin

Schulthurn/ hinter obgemeltes Herrn Printzen Losament, an einen Pfal gestecket werden.«[132]

Als Oranien am 10. Juli 1584 ermordet wurde, war er politisch schon gescheitert. Es bleibt jedoch sein historisches Verdienst, durch persönlichen Einsatz der niederländischen Revolution in schwierigen Situationen zum Erfolg verholfen zu haben. Er verlor seinen Besitz an die Spanier und schließlich auch sein Leben durch die Hand eines gedungenen Mörders.

STAMMBAUM WILHELMS VON ORANIEN

Engelbrecht I. (um 1380–1442) — Johanna von Polanen (1392–1445)

- Johann IV. (1410–1475) — Ehe: Maria von Loon und Heinsberg
  - Engelbrecht II. (1451–1504) — Ehe: Climburga von Baden
  - Johann V. (1455–1516) — Ehe: Elisabeth von Hessen
    - Heinrich III. (1483–1538) — Ehe: Claudia von Chalon-Oranien (gest. 1521)
      - René von Chalon-Oranien (1519–1544)
        Ehe: Anna von Lothringen
    - Wilhelm III. (1487–1559) — 1. Ehe: Walburg von Egmont (gest. 1529) — 2. Ehe: Juliana von Stolberg (1506–1580)
      - **Wilhelm von Oranien (1533–1584)**
        - 1. Ehe: Anna von Buren (1533–1558)
          - Philipp Wilhelm (1554–1618)
            Ehe: Elenora de Bourbon
          - Maria (1556–1616)
            Ehe: Philipp, Graf von Hohenlohe-Langenburg
        - 2. Ehe: Anna von Sachsen (1544–1577)
          - Maria (1553)
          - Anna (1563–1588)
            Ehe: Wilhelm Ludwig von Nassau
          - Moritz (1564–1566)
          - Moritz (1567–1625)
          - Emilia I. (1569–1629)
            Ehe: Emanuel, Prinz von Portugal
      - Johann (1535–1606)
        1. Ehe: Elisabeth von Leuchtenberg
        2. Ehe: Kunigunde Jakoba von Pfalz-Zimmern
        3. Ehe: Johanna von Sayn-Wittgenstein
      - Ludwig (1538–1574)
- Heinrich II. (1414–1450)

Maria (1539–1599)
Ehe: Wilhelm IV., Graf van den Bergh

Adolf (1540–1568)

Anna (1541–1616)
Ehe: Albrecht, Graf von Nassau-Weilburg

Elisabeth (1542–1603)
Ehe: Conrad, Graf von Solms

Katharina (1543–1624)
Ehe: Günther, Graf von Schwarzburg-Sondershausen

Juliana (1546–1588)
Ehe: Albrecht, Graf von Schwarzburg-Rudolstadt

Magdalena (1547–1633)
Ehe: Wolfgang, Graf von Hohenlohe

Heinrich (1550–1574)

3. Ehe:
Charlotte de Bourbon
(1546–1582)

Louisa Juliana (1576–1644)
Ehe: Friedrich IV., Kurfürst von der Pfalz

Elisabeth (1577–1642)
Ehe: Heinrich de La Tour d'Auvergne,
Herzog von Bouillon

Catharina Belgica (1578–1648)
Ehe: Philipp Ludwig von Hanau-Münzenberg

Charlotte Flandrina (1579–1640)

Charlotte Brabantina (1580–1631)
Ehe: Claude de La Trémoille,
Herzog von Thouars

Emilia II. Antwerpiana (1581–1657)
Ehe: Friedrich Kasimir,
Pfalzgraf von Zweibrücken-Landsberg

4. Ehe:
Louise de Coligny
(1555–1620)

Friedrich Heinrich (1584–1647)
Ehe: Amalia von Solms-Braunfels

ZEITTAFEL

ZEITGESCHEHEN	HOFLEBEN
1519–1556 Kaiser Karl V.	
	1533 (24. April) Wilhelm von Nassau wird als ältester Sohn des Grafen Wilhelm von Nassau in Dillenburg geboren.
1542–1544 Krieg Karls V. gegen König Franz I. von Frankreich.	
	1544 (3. Aug.) Tod des René von Chalon-Oranien. Der junge Wilhelm von Nassau erbt die Besitzungen seines Cousins.
1545 (13. Dez.) Beginn des Trienter Konzils, das mit Unterbrechungen bis 1563 tagt und durch Reformdekrete die katholische Kirche festigt und die Gegenreformation einleitet.	1545 (13. Febr.) Wilhelm von Nassau erhält den Titel Prinz von Oranien. Um seine Erbschaft antreten zu können, muß Wilhelm von Oranien in den Niederlanden erzogen werden. (25. März) Aufstellung des ersten Hofétats für Oranien und Einsetzung von Claude de Bouton als seinen Gouverneur.
1546–1547 Schmalkaldischer Krieg Karls V. gegen protestantische Fürsten zur Wiedereinführung des Katholizismus und zur Unterwerfung der Fürstenopposition unter die Zentralgewalt.	
	1549 (21. Sept.) Empfang von Philipp II. durch Oranien in Breda. (22. Sept.) Großes Festbankett zu Ehren Philipps im Kastell von Breda. (1. Dez.) Jérôme Perrenot, jüngster Bruder des späteren Kardinals Granvelle wird Gouverneur Oraniens.
1550 (25. Sept.) Großes Edikt Karls V. zur Verfolgung der Ketzer in den Niederlanden.	1550 (Anfang) Aufhebung der eigenen Hofhaltung Oraniens in Breda aus finanziellen Gründen für eineinhalb Jahre. Oranien lebt am Hofe der Generalstatthalterin Maria von Ungarn in Brüssel. (19. Juni) Verlobung Oraniens mit Anna von Buren.
	1551 (5. Febr.) Oranien nimmt an einem Turnier in Augsburg teil und erhält den Titel »Galantester Ritter«. (8. Juli) Kirchliche Trauung Oraniens mit Anna von Buren.
1552 (März) Beginn eines Aufstands protestantischer Fürsten gegen Karl V.	1552 (29./30. März) Huldigungsfeierlichkeiten für Oranien in Breda. Die Stadt schenkt ihm 20 000 Gulden und richtet ihm ein großes Festmahl aus.
1552–1559 Krieg Karls V. / Philipps II. gegen Frankreich.	

ZEITGESCHEHEN	HOFLEBEN
1552 (2. Aug.) Karl V. muß im Passauer Vertrag die Duldung des Protestantismus bis zum nächsten Reichstag zusagen.	
	1553 (9. Dez.) Geburt von Oraniens Tochter Maria. (12. Dez.) Großes Fest zur Taufe von Maria im Kastell von Breda. Die Generalstatthalterin Maria von Ungarn ist Patin.
	1554 (19. Dez.) Geburt des Sohnes Philipp Wilhelm in Buren.
1555 (25. Sept.) Verkündung des Religionsfriedens durch den Reichstag von Augsburg. Gleichberechtigte Anerkennung der Lutheraner. Der Landesherr bestimmt die Konfession seiner Untertanen. (25. Okt.) Rücktritt Karls V. als Landesherr der niederländischen Territorien zugunsten seines Sohnes Philipp.	1555 (18. Febr.) Großes Fest zur Taufe von Philipp Wilhelm im Kastell von Breda. Vornehmster Pate ist Herzog Wilhelm von Kleve.
1556 (15. Jan.) Karl V. überträgt Philipp II. die Königswürde von Spanien. (12. Sept.) Karl tritt als Kaiser zugunsten seines Bruders Ferdinand zurück.	1556 (28. Jan.) Aufnahme Oraniens in den Orden vom Goldenen Vlies. (7. Febr.) Geburt der zweiten Tochter Maria in Breda.
	1557 (Sept.) Jacques d'Albon, Marschall von Frankreich, wird nach seiner Gefangennahme in der Schlacht bei St. Quentin im Kastell von Breda in Ehrenhaft gehalten.
1558 (14. März) Kaiserproklamation Ferdinands I. (21. Sept.) Tod Karls V.	1558 (24. März) Anna von Buren stirbt in Breda.
1559 (3. April) Der Frieden von Cateau-Cambrésis beendet den Krieg zwischen Spanien und Frankreich. (Juli) Beginn des offenen Widerstandes des niederländischen Hochadels gegen die absolutistische Zentralisierungspolitik Philipps II.	1559 (1. Juni) Oranien geht mit Egmont und Alba als Geisel nach Frankreich. (Sept.) Geburt eines unehelichen Sohnes Oraniens (Justinus von Nassau) durch Eva Ellings.
1561/62 Beginn des niederländischen Volkswiderstandes gegen die spanische Unterdrückungspolitik.	1561 (23. Juli) Am Hofe von Nassau beraten Oranien und Egmont über ihre Haltung zur Politik Philipps II. (24. Aug.) Eheschließung Oraniens mit Anna von Sachsen in Leipzig. (7. Okt.) Beginn der Hochzeitsnachfeiern in Breda. (Herbst) Besuch von Oraniens Mutter in Breda.
1562 (Ende Mai/Anfang Juni) Bildung der Liga des niederländischen Hochadels zur Durchsetzung seiner ständischen Interessen gegen den spanischen Absolutismus.	1562 (1., 3., 5. Juni) Beratungen der Liga im Hof von Nassau.
1563 (11. März) Protestschreiben der Liga an Philipp II. wegen der Willkürherrschaft Granvelles.	1563 (13.–23. April) Beratungen und gemeinsame Feiern von Oranien und Egmont im Kastell von Breda. (Anfang Mai) Empfang des Herzogs von Kleve in Breda.

ZEITGESCHEHEN	HOFLEBEN
	1563 (Juni) Die zunehmend heftiger werdenden Auseinandersetzungen zwischen Oranien und seiner Frau erregen öffentliche Aufmerksamkeit und beginnen das Hofleben zu belasten. (16.–19. Juni) Beratungen und Bankette Oraniens mit Horn im Kastell von Breda. (7. Juli) Erneutes Treffen mit Horn in Breda. (5. Nov.) Geburt von Oraniens Tochter Anna. (7.–13. Nov.) Beratungen Oraniens mit seinem Bruder Ludwig von Nassau und dem Führer des niederen Adels, Heinrich von Brederode, im Kastell von Breda. (Anfang Dez.) Festessen Oraniens für die Deputierten Flanderns zu den Generalstaaten im Hof von Nassau.
1564 (13. März) Abreise Granvelles aus den Niederlanden nach seiner Abberufung durch Philipp II. (25. Juli) Tod Kaiser Ferdinands I. Sein Nachfolger wird Maximilian II.	1564 (März) Wie Egmont kleidet Oranien sein Gefolge einheitlich in schwarze Röcke mit eingestickten Köpfen und Narrenkappen, was allgemein als eine Verspottung Granvelles verstanden wird. (Ende Juni) Besuch der Dillenburger Familie in Breda.
1565 (Dez.) Gründung einer Vereinigung des niederländischen Kleinadels (»Kompromiß«) zum Kampf gegen die Politik des spanischen Absolutismus.	1565 (19. Jan.) Maßloses Eß- und Trinkgelage Oraniens mit Brederode im Hof von Nassau. (Juni) Der kursächsische Marschall Hans von Loeser trifft im Hof von Nassau ein, um Anna zur Zurückhaltung in den Ehestreitigkeiten mit Oranien zu ermahnen.
1566 (5. April) Übergabe einer Bittschrift des Kompromiß an die Generalstatthalterin Margareta von Parma (10. Aug.) Ausbruch des Bildersturms. Beginn der niederländischen frühbürgerlichen Revolution.	1566 (Anfang Febr.) Beratung der Liga im Kastell von Breda. (10. März) Erneute Zusammenkunft der Liga im Kastell von Breda. (1. u. 2. April) Brederode und Ludwig von Nassau, beide Führer des Kompromiß, sind Gäste Oraniens im Hof von Nassau. (7. April) Über 60 Mitglieder des Kompromiß werden von Oranien im Hof von Nassau bewirtet.
1567 (März) Niederschlagung des bewaffneten Aufstandes des Kleinadels. (3. Aug.) Einmarsch Albas in die Niederlande.	1567 (2. Febr.) Zusammenkunft radikaler Angehöriger des Kompromiß im Kastell von Breda. (13.–22. April) Letzter Aufenthalt Oraniens im Kastell von Breda. (23. April) Abreise Oraniens in das Exil nach Dillenburg. (14. Nov.) Geburt von Oraniens Sohn Moritz.
1568 (April – Dez.) Kriegszug Oraniens gegen Alba, der kläglich scheitert. (5. Juni) Hinrichtung von Egmont und Horn in Brüssel.	1568 (23. Mai) Tod von Oraniens Bruder Adolf in der Schlacht bei Heiligerlee.
	1569 (10. April) Geburt von Oraniens Tochter Emilia.

ZEITGESCHEHEN

1572 (1. April) Eroberung Den Briels durch die Wassergeusen – Beginn des antispanischen Aufstands in Holland und Seeland.
(Mai – Sept.) Zweiter mißlungener Feldzug Oraniens gegen Alba.
(20. Juli) Die Staatenversammlung von Holland in Dordrecht ernennt Oranien zum Statthalter.
(23./24. Aug.) Bartholomäusnacht – Massenmord an Anhängern der hugenottischen Adelspartei in Frankreich.

1576 (12. Okt.) Tod Kaiser Maximilians II. Sein Nachfolger wird Rudolf II. (1576–1612).
(8. Nov.) Friedens- und Beistandspakt zwischen den revolutionären Holland und Seeland und den anderen niederländischen Provinzen (Genter Pazifikation).

1579 (6. Jan.) Gründung der konterrevolutionären Union von Arras.
(23. Jan.) Gründung der Union von Utrecht. Entstehung des ersten bürgerlichen Staates der Weltgeschichte.

1580 (15. März) Bannspruch Philipps II. gegen Oranien.

1581 (26. Juli) Lossagung der Union von Utrecht von der Landeshoheit Philipps II. – Unabhängigkeitserklärung der Niederlande.

HOFLEBEN

1570 (Mai) Beginn einer Liebesbeziehung zwischen Oraniens Frau Anna von Sachsen und Jan Rubens, aus der am 22. Aug. 1571 eine Tochter hervorgeht.

1573 (13. Dez.) Übertritt Oraniens zum Calvinismus.

1574 (14. April) Oraniens Brüder Ludwig und Heinrich von Nassau finden den Tod in der Schlacht auf der Mooker Heide.

1575 (12. Juni) Eheschließung Oraniens mit Charlotte de Bourbon.

1576 (13. März) Geburt von Oraniens Tochter Louisa Juliana.

1577 (26. März) Geburt von Oraniens Tochter Elisabeth.

1578 (31. Juli) Geburt von Oraniens Tochter Catharina Belgica.

1579 (18. Aug.) Geburt von Oraniens Tochter Charlotte Flandrina.

1580 (17. Sept.) Geburt von Oraniens Tochter Charlotte Brabantina.

1581 (9. Sept.) Geburt von Oraniens Tochter Emilia Antwerpiana.

1582 (18. März) Schwere Verwundung Oraniens durch den Attentäter Juan Jaureguy.
(5. Mai) Tod von Oraniens Frau Charlotte de Bourbon.

1583 (12. April) Eheschließung Oraniens mit Louise de Coligny.

1584 (29. Jan.) Geburt von Oraniens Sohn Friedrich Heinrich.
(10. Juli) Ermordung Oraniens durch Balthazar Gérard in Delft.

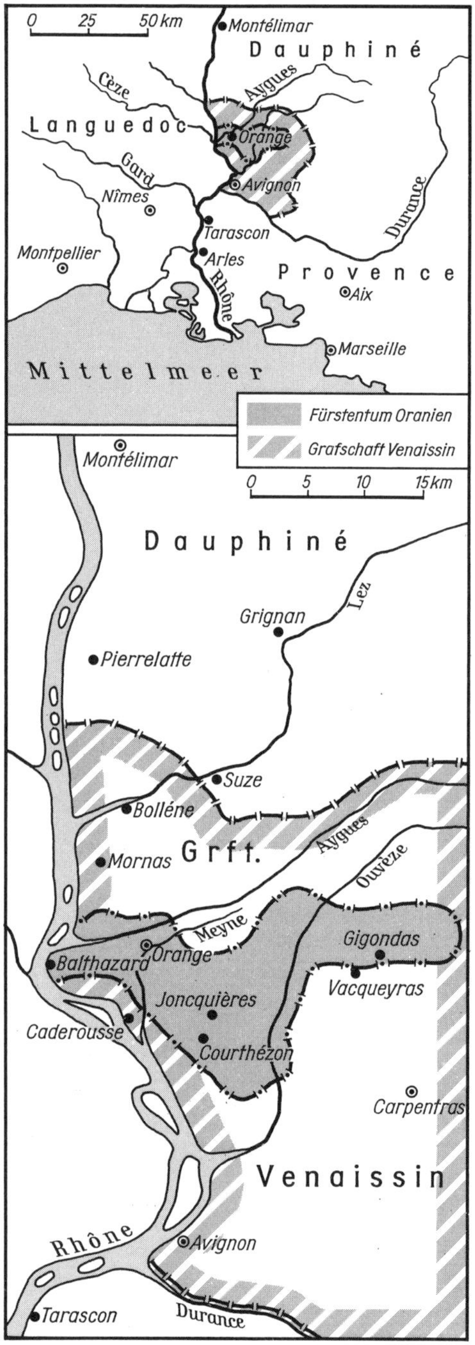
0 25 50 km
Montélimar
Dauphiné
Cèze
Aygues
Languedoc
Orange
Gard
Avignon
Nîmes
Durance
Tarascon
Montpellier
Arles
Rhône
Provence
Aix
Marseille
Mittelmeer
Fürstentum Oranien
Grafschaft Venaissin
0 5 10 15 km
Montélimar
Dauphiné
Lez
Grignan
Pierrelatte
Suze
Bolléne
Aygues
Mornas
Grft.
Ouvèze
Meyne
Orange
Balthazard
Gigondas
Vacqueyras
Joncquières
Caderousse
Courthézon
Carpentras
Venaissin
Rhône
Avignon
Tarascon
Durance

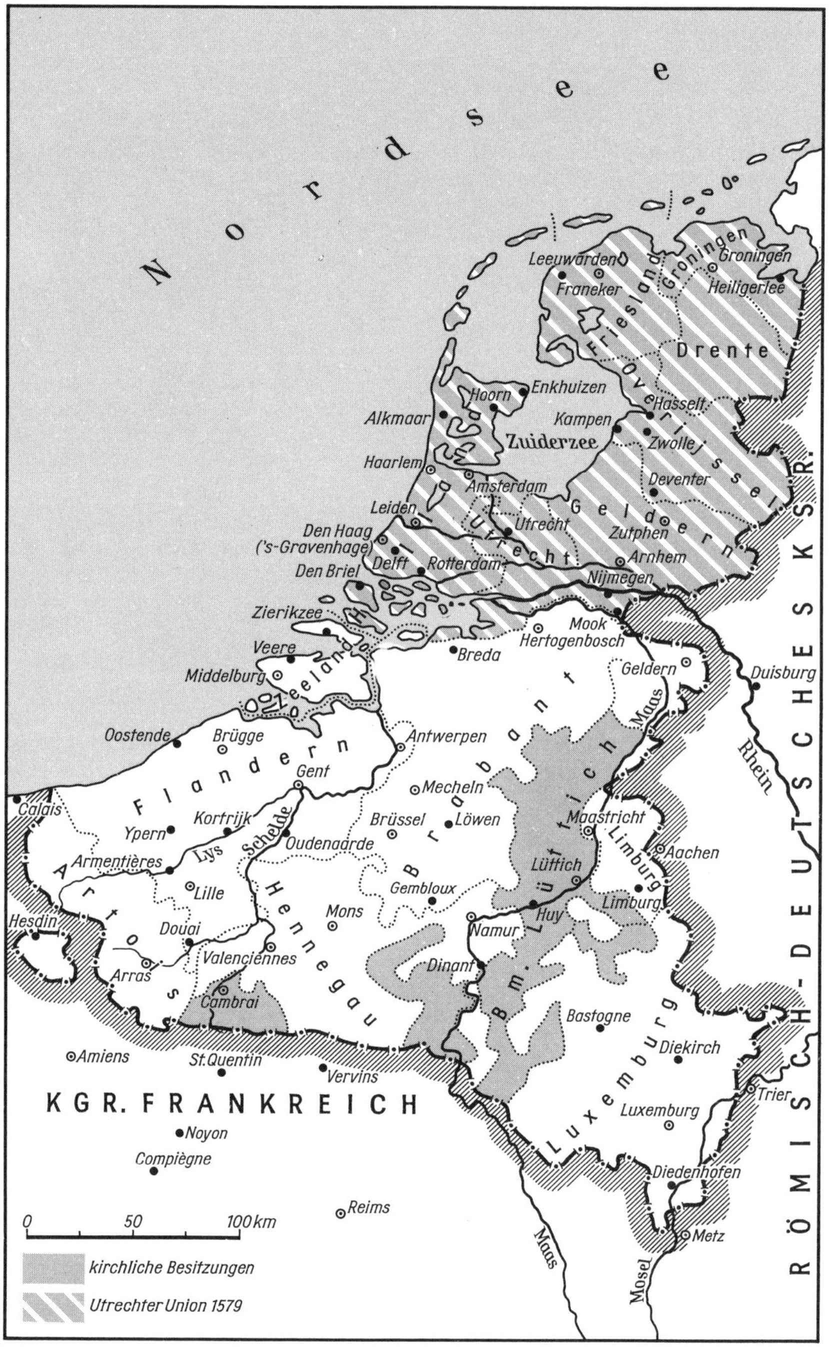
Nordsee
Leeuwarden
Franeker
Friesland
Groningen
Groningen
Heiligerlee
Drente
Enkhuizen
Hoorn
Alkmaar
Kampen
Hasselt
Zwolle
Zuiderzee
Overijssel
Haarlem
Amsterdam
Deventer
Leiden
Utrecht
Gelderm
Den Haag
('s-Gravenhage)
Zutphen
Delft
Rotterdam
Arnhem
Den Briel
Nijmegen
Zierikzee
Mook
Hertogenbosch
Veere
Breda
Middelburg
Zeeland
Geldern
Duisburg
Brabant
Oostende
Brügge
Antwerpen
Flandern
Gent
Mecheln
Maas
Rhein
Calais
Ypern
Kortrijk
Brüssel
Löwen
Maastricht
Armentières
Lys
Schelde
Oudenaarde
Aachen
Artois
Lille
Gembloux
Lüttich
Limburg
Hennegau
Limburg
Hesdin
Douai
Mons
Huy
Namur
Valenciennes
Arras
Dinant
Bm. Lüttich
Cambrai
Bastogne
Luxemburg
Diekirch
Amiens
St. Quentin
Vervins
Trier
KGR. FRANKREICH
Luxemburg
Luxemburg
Noyon
Compiègne
Diedenhofen
Reims
Metz
0 50 100 km
Maas
Mosel
kirchliche Besitzungen
Utrechter Union 1579
RÖMISCH-DEUTSCHES R.

ANMERKUNGEN

1 Antorf ist die zeitgenössische deutsche Bezeichnung für Antwerpen.
2 Zeiller, M.: Neue Beschreibung des Burgundisch- und Niederländischen Craises. – Ulm, 1646. – S. 55f.
3 Bis auf Artois und den größten Teil Flanderns, die französische Lehen waren, gehörten die Niederlande zum Heiligen Römischen Reich Deutscher Nation; allerdings besaßen sie tatsächlich schon in der Mitte des 16. Jahrhunderts eine weitgehende Eigenständigkeit.
4 Zitiert nach Rachfahl, F.: Wilhelm von Oranien und der Niederländische Aufstand. – Bd. 1. – Halle a. S., 1906. – S. 214 (Bd. 2. – Halle a. S., 1907); (im folgenden zitiert: Rachfahl, F.: Wilhelm von Oranien). Die unterschiedliche Schreibweise in den folgenden Zitaten hängt davon ab, ob die Quellen in den Editionen in der originalen Schreibweise oder modernisiert wiedergegeben wurden oder ob es sich um Übersetzungen aus fremdsprachigen Originalen handelt.
5 Gemeint ist das Rathaus am Großen Markt.
6 Gemeint ist der Orden vom Goldenen Vlies (vgl. dazu S. 33).
7 Statthalter.
8 Braun, G.; Hogenberg, F.: Beschreibung und Contrafactur der vornemsten Stät der Welt. – Bd. 1. – Cölln, 1574. – Plan 15.
9 Vgl. dazu S. 97.
10 Dürer, A.: Tagebuch der Reise in die Niederlande. Anno 1520. – In: Albrecht Dürer: Schriftlicher Nachlaß. Eine Auswahl / hrsg. von H. Faensen. – Berlin, 1963. – S. 34f.
11 Platter, Th. d. J.: Beschreibung der Reisen durch Frankreich, Spanien, England und die Niederlande (1595–1600) / hrsg. von R. Keiser. – Teil II. – Basel; Stuttgart, 1968. – S. 658.
12 Archives ou Correspondance inédite de la maison D'Orange-Nassau / hrsg. von G. Groen van Prinsterer. – 1. Serie. – Bd. 1. – Leiden, 1841. – S. 196 (im folgenden zitiert: Archives ou Correspondance).
13 Correspondentie van Willem den Eerste, Prins van Oranje / hrsg. von N. Japikse. – 1. Teil. – 's-Gravenhage, 1934. – S. 2.f. (im folgenden zitiert: Correspondentie van Willem den Eerste)
14 Nierop, H. F. K. van: Willem van Oranje als hoog edelman: patronage in de Habsburgse Nederlanden? – In: Bijdragen en Mededelingen betreffende de Geschiedenis der Nederlanden. – Den Haag, 1984, aflevering 4. – S. 652.
15 Rachfahl, F.: Wilhelm von Oranien. – Bd. 1. – S. 264.
16 Ebenda, S. 170
17 Archives ou Correspondance. – 1. Serie. – Bd. 1. – S. 47 f. (Deutsche Übersetzung nach Rachfahl, F.: Willem van Oranje. – Bd. 1. – S. 236f.
18 Archives ou Correspondance. – 1. Serie. – Bd. 2. – S. 259f.
19 Johann von Nassau spielt hier auf die Grafentochter Elisabeth von Leuchtenberg an, mit der er am 16. Juni 1559 in Dillenburg die Ehe schloß. Am gleichen Tag wurden die Schwestern Anna (mit dem Grafen Albrecht von Nassau-Weilburg) und Elisabeth (mit dem Grafen Konrad von Solms-Braunfels) vermählt.
20 Gemeint ist Katharina von Nassau; die Eheschließung mit Günther von Schwarzburg fand am 18. November 1560 statt.
21 Rachfahl, F.: Wilhelm von Oranien. – Bd. 1. – S. 216 f.
22 Archives ou Correspondance. – 1. Serie. – Bd. 1. – S. 48.
23 Das Konzil von Trient tagte mit Unterbrechungen von 1545 bis 1563 und diente der organisatorischen und ideologischen Festigung der katholischen Kirche gegenüber dem Protestantismus.
24 Zitiert nach Prevenier, W.; Blockmans, W.: Die burgundischen Niederlande. – Weinheim, 1986. – S. 228.
25 Ebenda, S. 227.
26 Er liebte die jungen Damen und hatte verliebten Umgang mit ihnen (ebenda).
27 Rachfahl, F.: Wilhelm von Oranien. – Bd. 2. – 1. Abt. – S. 12.
28 Loesch, I.: So war es Sitte in der Renaissance. – Leipzig, 1964. – S. 121.
29 Archives ou Correspondance. – 1. Serie. – Bd. 1. – S. 13f.
30 Rachfahl, F.: Wilhelm von Oranien. – Bd. 1. – S. 198f.
31 Ebenda, S. 199.
32 Ebenda.
33 Ebenda, S. 175ff.
34 Mädchen.
35 Rachfahl, F.: Wilhelm von Oranien. – Bd. 1. – S. 224 f.

36 Pierre Ronsard (1525–1585) gilt als einer der bedeutendsten Lyriker Frankreichs und war einer der Führer der als Pléiade (Siebengestirn) bezeichneten Gruppe französischer Dichter, Sprachreformer und Humanisten des 16. Jahrhunderts.

37 Zitiert nach Gleichen-Russwurm, A. von: Die Sonne der Renaissance. Sitten und Gebräuche der europäischen Welt 1450–1600. – Stuttgart, 1921. – S. 495 f.

38 Eva Ellings (nach anderer Schreibweise Ellinx) war wahrscheinlich die Tochter eines Bürgermeisters von Emmerik.

39 1565 befand sich Justinus unter den Pagen am Hofe Oraniens. 1576 schickte ihn Oranien auf die Universität Leiden. Er zeichnete sich später als Militär und Politiker aus und ist 1631 in Leiden gestorben.

40 Nun »die blonden wird entdecken können«. – In: Roosbroek, R. van: Willem de Zwijger. Graaf van Nassau. Prins van Oranje. Een kroniek en een Epiloog. – Antwerpen, 1974. – S. 88 (im folgenden zitiert: Roosbroek, R. van: Willem de Zwijger).

41 Archives ou Correspondance. – 1. Serie. – Bd. 1. – S. 59.

42 Rachfahl, F.: Wilhelm von Oranien. – Bd. 2. – 1. Abt. – Anm. 86,1.

43 Die Herzoginwitwe war eine Tochter von König Christian II. von Dänemark und Isabella von Habsburg, einer Schwester Kaiser Karls V., also eine Cousine Philipps II.

44 Rachfahl, F.: Wilhelm von Oranien. – Bd. 2. – 1. Abt. – Anm. 87,1 (. . . daß die Herzogin von Lothringen eine solche Zuneigung zum Prinzen von Oranien hegte, daß sie, als er ihre Tochter heiraten wollte, sagte, sie selbst passe besser zu ihm.)

45 Erstgeborene.

46 Nachfolge.

47 Archives ou Correspondance. – 1. Serie. – Bd. 1. – S. 83 f.

48 Rachfahl, F.: Wilhelm von Oranien. – Bd. 2. – 1. Abt. – S. 104.

49 Landgraf Philipp von Hessen ließ sich davon allerdings nicht beeindrucken. Er schrieb am 29. Dezember 1560: »Das Frewlein Anna eine gute neigung zum Printzen hatt, glauben wir woll, es ist aber kinderwerg, dann sie warlich noch ein kindt.« (Archives ou Correspondance. – 1. Serie. – Bd. 1. – S. 50.)

50 Dazu gehörten u. a. der Kurfürst und Erzbischof von Köln, die Herzöge von Jülich und Lüneburg, seine vier Brüder, aus dem niederländischen Bekanntenkreis Lamoral, Graf von Egmont; Philippe de Montmorency, Graf von Horn; Jan IV. von Glymes, Marquis von Bergen und Heinrich von Brederode. Als Abgesandter Philipps II. kam Floris de Montmorency, Baron de Montigny, der Bruder Horns.

51 Rachfahl, F.: Wilhelm von Oranien. – Bd. 2. – 1. Abt. – S. 124.

52 Würde.

53 Boettiger, K. W.: Wilhelms von Oranien Ehe mit Anna von Sachsen. – In: Historisches Taschenbuch / hrsg. von F. v. Raumer. – Leipzig 7 (1836). – S. 110f. (im folgenden zitiert: Boettiger, K. W.: Wilhelms von Oranien Ehe mit Anna von Sachsen).

54 Archives ou Correspondance. – 1. Serie. – Bd. 1. – S. 257.

55 Ebenda, S. 386.

56 Ebenda, S. 409.

57 Rachfahl, F.: Wilhelm von Oranien. – Bd. 2. – 1. Abt. – S. 385.

58 Archives ou Correspondance. – 1. Serie. – Bd. 2. – Leiden, 1835. – S. 30.

59 Ebenda, S. 31 ff.

60 Rachfahl, F.: Wilhelm von Oranien. – Bd. 2. – 1. Abt. – S. 350.

61 Boettiger, K. W.: Wilhelms von Oranien Ehe mit Anna von Sachsen. – S.98.

62 Ebenda, S. 159.

63 Rachfahl, F.: Wilhelm von Oranien. – Bd. 2. – 1. Abt. – Anm. 351,5.

64 Ebenda. – Bd. 1. – S. 152.

65 Apologie oft verantwordinge des doerluchtighen ende hooghgheborenen vorsts ende heeren, heeren Wilhelms von Godes Ghenaden Prince van Orangien: Grave van Nassau, Catzenellenboghen, Dietz, Vianden etc.; wörtlicher Nachdruck: Apologie ofte verantwordinge van den Prince van Orangien / hrsg. von A. Verwey. – Antwerpen, 1923.

66 Illustrierte Geschichte der Körperkultur/Autorenkollektiv unter Leitung von W. Eichel. – Bd. 1: Körperkultur in der Urgesellschaft und in der Antike. Körperkultur in Deutschland bis 1917. – Berlin, 1983. – S. 68 f.

67 Von dem französischen juste (gerecht) oder dem lateinischen iusta pugna (gerechter, geregelter Kampf).

68 à plaisance (zum Vergnügen).
69 à outrance (bis aufs äußerste, auf Leben und Tod).
70 Wozel, H.: Turniere. Exponate aus dem Historischen Museum zu Dresden. – Berlin, 1979. – S. 21.
71 Ebenda.
72 Zelter nannte man ruhig gehende Pferde, die oft für das Damenreiten auf den Paßgang abgerichtet wurden.
73 Correspondentie van Willem den Eerste. – S. 272.
74 Ebenda, S. 367.
75 Zoepfl, F.: Deutsche Kulturgeschichte. – Bd. 2: Vom 16. Jahrhundert bis zur Gegenwart. – Freiburg i. Br., 1930. – S. 176 (im folgenden zitiert: Zoepfl, F.: Deutsche Kulturgeschichte).
76 Gemeint ist August von Sachsen.
77 Gemeint ist Philipp von Hessen.
78 Archives ou Correspondance. – Bd. 1. – S. 92.
79 Aus dem Französischen par force (mit Gewalt).
80 Aus dem Französischen la meute (Koppel).
81 Das Jagdbuch des Petrus Crescentiis / hrsg. von K. Lindner. – Berlin (West), 1957. – S. 148f.
82 De arte venandi cum avibus.
83 Die Deutsche Habichtslehre: Das Beizbüchlein und seine Quellen / hrsg. von K. Lindner. – 2., erw. Aufl. – Berlin (West), 1964.
84 Zoepfl, F.: Deutsche Kulturgeschichte. – S. 156.
85 Rachfahl, F.: Wilhelm von Oranien. – Bd. 2., – 1. Abt. – Anm. 382,2.
86 Das Buch der Tafelfreuden/aus allen Zeiten und Breiten gesammelt von C. S. Gutkind. – Leipzig, 1929. – S. 186 (im folgenden zitiert: Buch der Tafelfreuden).
87 Ebenda, S. 165.
88 Archives ou Correspondance. – 1. Serie. – Bd. 1. – S. 59.
89 De civitate morum puerilium.
90 Bechstein, H.: Reise in die Renaissance. – o. O. – o. J. – S. 141.
91 Buch der Tafelfreuden. – S. 108f.
92 Heinrich von Wildberg, der schon im Dienste des alten Grafen Wilhelm gestanden hatte, war Hofmeister Oraniens in Breda.
93 Offenbar ist ein Koch mit Namen Hermann gemeint.
94 raten.
95 Correspondentie van Willem den Eerste. – S. 82.
96 Ebenda, S. 83.
97 Nicht zuviel Wasser trinken, denn davon wird man müde. (Haslinghuis, E. J.: Hofstaat en Hofleven van Prins Willem I. – In: Prins Willem van Oranje. 1533–1933. – Haarlem, 1933. – S. 278) (im folgenden zitiert: Haslinghuis, E. J.: Hofstaat en Hofleven).
98 Am 17. Februar 1555.
99 Jülich.
100 Correspondentie van Willem den Eerste. – S. 6.
101 Boettiger, K. W.: Wilhelms von Oranien Ehe mit Anna von Sachsen. – S. 100.
102 Correspondentie van Willem den Eerste. – S. 224.
103 Archives ou Correspondance. – 1. Serie. – Bd. 1. – S. 68.
104 Ebenda, S. 92.
105 Fuchs, E.: Illustrierte Sittengeschichte vom Mittelalter bis zur Gegenwart. – Bd. 1: Renaissance. – München, 1909. – S. 180.
106 Ebenda.
107 Thiel, E.: Geschichte des Kostüms: Die europäische Mode von den Anfängen bis zur Gegenwart. – Berlin, 1968. – S. 320.
108 Ebenda, S. 324.
109 Ebenda, S. 328.
110 Bahr, W.: Zur Entwicklungsgeschichte des höfischen Gesellschaftstanzes. – Breslau, 1941. – S. 14 (im folgenden zitiert: Bahr, W.: Höfischer Gesellschaftstanz).
111 Ebenda, S. 34.
112 Einige Tanzhistoriker meinen, das Wort kommt vom spanischen pavana (Pfau), weil man beim Tanz gespreizt wie ein Pfau einherschritt.
113 Bahr, W.: Höfischer Gesellschaftstanz. – S. 42.
114 Von dem französischen Wort gaillard (munter, fidel).
115 Die Herkunft der Bezeichnung ist unklar, fest steht aber, daß die Allemande nicht in Deutschland entstanden ist.
116 Von dem französischen Wort courant (laufend, fließend, flott).
117 Vom französischen Wort volte (Wendung), volter (eine Wendung machen). Wahrscheinlich war die Volte vor dem Walzer der einzige Umarmungstanz im neuzeitlichen europäischen Gesellschaftstanz.
118 Rachfahl, F.: Wilhelm von Oranien. – Bd. 2. – 1. Abt. – S. 126.
119 Haslinghuis, E. J.: Hofstaat en Hofleven. – S. 272.
120 Zitiert nach Mout, M. E. H. N.: Het intellectuele milieu van Willem van Oranje. – In: Bijdragen en Mededelingen betreffende de Geschiedenis der Nederlanden. – Den Haag, 1984, aflevering 4. – S. 603.
121 Lebe wohl und moglichst glucklich, wurdiger Herr Vater, zusammen mit der Frau Mutter, deren Gunst

ich und meine Frau uns anbefehlen (Correspondentie van Willem den Eerste. – S. 1).

122 Einen regen Briefwechsel hatte er z. B. mit Lamoral, Graf von Egmont; Philippe de Croy, Herzog von Aarschot; Philippe de Montmorency, Graf von Horn; Jean de Ligne, Graf von Aremberg.

123 Das Heptameron (griechisch Siebentagewerk), war eine aus dem Jahre 1559 stammende Novellensammlung der Königin Margareta von Navarra in der Art von Boccaccios Dekameron.

124 Zitat nach Vetter, K.: Wilhelm von Oranien: Eine Biographie. – Berlin, 1987. – S. 42.

125 Rachfahl, F.: Wilhelm von Oranien. – Bd. 1. – S. 91f.

126 Rachfahl, F.: Wilhelm von Oranien. – Bd. 2. – 1. Abt. – S. 127.

127 Archives ou Correspondance. – Bd. 1. – S. 163.

128 Rachfahl, F.: Wilhelm von Oranien. – Bd. 2. – 2. Abt. – S. 564f.

129 Roosbroek, Willem de Zwijger. – S. 164.

130 Ebenda.

131 Wilhelmus von Nassaue
Bin ich von deutschem Blut.
Dem Vaterland die Treue
Halt ich bis in den Tod:
Ein Fürst von Oranien
Bin ich, ganz unverwehrt,
Den König von Hispanien
Hab immer ich geehrt.
(Cornelissen, A. J. M.: Wilhelmus van Nassouwe. Een nieuwe historische plaatsing. – Nijmegen; Utrecht, 1954. – Beilage 1).

132 Meteren, E. van: Historia oder Eygentliche und warhaffte Beschreibung aller fuernehmen Kriegshaendel . . . so sich in Niederteutschland / auch beygelegenen und anderen Oertern zugetragen haben. – o. O., 1597. – S. 368.

LITERATURHINWEISE

Archives ou Correspondance inédite de la maison D'Orange-Nassau / hrsg. von G. Groen van Prinsterer. – 1. Serie. – 6 Bde. – Leiden, 1835 ff.

Bahr, W.: Zur Entwicklungsgeschichte des höfischen Gesellschaftstanzes.– Breslau, 1941

Berkelbach van der Sprenkel, W.: Oranje en de vestiging van de Nederlandse staat. – Amsterdam, 1946

Blok, L.: Willem van Oranje herdacht 10 juli 1584 bis 10. juli 1884: herdenken als polemiek. – In: Utrechtse Historische Cahiers. – Utrecht (1984) 2/3

Blok, P. J.: Geschichte der Niederlande. – Bd. 1–3. – Gotha, 1902 ff.

Blok, P. J.: Willem de Eerste, Prins van Oranje. – 2 Bde. – Amsterdam, 1912/20

Boettiger, K. W.: Wilhelms von Oranien Ehe mit Anna von Sachsen. – In: Historisches Taschenbuch / hrsg. von F. von Raumer. – Leipzig 7 (1836)

Brendler, G.: Die Revolution der Niederlande 1566–1579. – In: Revolutionen der Neuzeit 1500–1917 / hrsg. von M. Kossok. – Berlin, 1982

Das Buch der Tafelfreuden / Aus allen Zeiten und Breiten gesammelt von C. S. Gutkind. – Leipzig, 1929

Cazaux, Y.: Guillaume la Taciturne: De la »Generalité« de Bourgogne à la République des Septs Provinces-Unies. – Paris, 1970

Čistozvonov, A. N.: Niderlandskaja Buržuaznaja Revoljucija XVI veka. – Moskva, 1957

Correspondentie van Willem den Eerste, Prins van Oranje / hrsg. von N. Japikse. – 1. Teil. – 's-Gravenhage, 1934

Die Deutsche Habichtslehre: Das Beizbüchlein und seine Quellen / hrsg. von K. Lindner. – 2., erw. Auflage. – Berlin (West), 1964

Fuchs, E.: Illustrierte Sittengeschichte vom Mittelalter bis zur Gegenwart. – Bd. 1: Renaissance. – München, 1909

Gleichen-Russwurm, A. von: Die Sonne der Renaissance: Sitten und Gebräuche der europäischen Welt 1450 bis 1600. – Stuttgart, 1921

Haslinghuis, E. J.: Hofstaat en Hofleven van Prins Willem I. – In: Prins Willem van Oranje. 1533–1933. – Haarlem, 1933

Illustrierte Geschichte der Körperkultur / Autorenkollektiv unter Leitung von W. Eichel. – Bd. 1: Körperkultur in der Urgesellschaft und in der Antike. Körperkultur in Deutschland bis 1917. – Berlin, 1983

Das Jagdbuch des Petrus Crescentiis / hrsg. von K. Lindner. – Berlin (West), 1957

Kruse, H.: Wilhelm von Oranien und Anna von Sachsen: Eine fürstliche Ehetragödie des 16. Jahrhunderts. – Wiesbaden, 1934

Lademacher, H.: Geschichte der Niederlande: Politik – Verfassung – Wirtschaft. – Darmstadt, 1983

Lippe, R. zur: Hof und Schloß – Bühne des Absolutismus. – In: Absolutismus/hrsg. von E. Hinrichs. – Frankfurt am Main, 1986

Loesch, I.: So war es Sitte in der Renaissance. – Leipzig, 1964

Mout, M. E. H. N.: Het intellectuele milieu van Willem van Oranje. – In: Bijdragen en Mededelingen betreffende de Geschiedenis der Nederlanden. – Den Haag, 1984, aflevering 4

Nierop, H. F. K. van: Willem van Oranje als hoog edelman: patronage in de Habsburgse Nederlanden? – In: Bijdragen en Mededelingen betreffende de Geschiedenis der Nederlanden. – Den Haag, 1984, aflevering 4

Rachfahl, F.: Wilhelm von Oranien und der Niederländische Aufstand. – 3 Bde. – Halle, 1906 ff.

Roosbroek, R. van: Willem de Zwijger. Graaf van Nassau, Prins van Oranje: Een Kroniek en een Epiloog. – Antwerpen, 1974

Thiel, E.: Geschichte des Kostüms: Die europäische Mode von den Anfängen bis zur Gegenwart. – Berlin, 1968

Töpfer, B.: Die frühbürgerliche Revolution in den Niederlanden. – In: Evolution und Revolution in der Weltgeschichte. – Sonderheft der Zeitschrift für Geschichtswissenschaft (1965)

Vetter, K.: Wilhelm von Oranien: Eine Biographie. – Berlin, 1987

Vierhaus, R.: Höfe und höfische Gesellschaft in Deutschland im 17. und 18. Jahrhundert. – In: Absolutismus / hrsg. von E. Hinrichs. – Frankfurt am Main, 1986

Wittman, T.: Das Goldene Zeitalter der Niederlande. – Leipzig, 1975.

Wozel, H.: Turniere. – Berlin, 1979

Zoepfl, F.: Deutsche Kulturgeschichte. – Bd. 2: Vom 16. Jahrhundert bis zur Gegenwart. – Freiburg i. Br., 1930

BILDNACHWEIS

Die geradestehenden Zahlen verweisen auf Abbildungen im Text, die kursiven auf Nummern im Bildteil.

Archiv für Kunst und Geschichte, Berlin: S. 50
Bibliothèque Royale, Brüssel: S. 19
Breitenborn, Dieter und Vera, Berlin: S. 10, 39, 69, 71, l. u. r., 116, 144
Deutsche Staatsbibliothek, Berlin: S. 15, 18, 32 l. u. r., 42, 44, 48, 109, 119, 120, 122 l. u. r. 123, 125, 139, 141, 143, 145 / *15, 26, 27, 29, 30, 31*
Documentation photographique de la Réunion des musées nationaux, Paris: S. 103
Feudalmuseum Schloß Wernigerode: S. 41
Herzog Anton Ulrich-Museum, Braunschweig / B. P. Keiser: / *20*
Illustre Lieve Vrouwe Broederschap, 's-Hertogenbosch: / *22*
Jütte, Thomas, Leipzig: / *25*
Musées Royaux des Beaux-Arts de Belgique, Brüssel: / *2, 8*
Photobusiness / Meyer, Leopoldsdorf / Wien: / *5, 19*
Plath, Sylvia-Marita, Leipzig: S. 35, 126 / *7, 28*
Rijksmuseum, Amsterdam: S. 16, 116, 138 / *1, 16*
Sächsische Landesbibliothek, Dresden, Abt. Deutsche Fotothek: Frontispiz, S. 62, 63, 93, 96, 98 l. u. r., 107, 111 / *12, 13, 14, 17, 18*
E. A. Seemann Verlag, Leipzig: / *6*
Speckhals, Frank: S. 90
Staatliche Kunstsammlungen Kassel, Gemäldegalerie Alte Meister: / *10*
Staatliche Museen zu Berlin, Gemäldegalerie: S. 77, 79, 95, 101 / *21, 23, 24*
Münzkabinett: S. 12 / *3, 4*
Städtisches Museum, Breda: S. 17
Stichting Historische Verzamelingen van het Huis Oranje-Nassau, 's-Gravenhage: / *11*
Universitätsbibliothek, Leipzig: S. 67
Verlagsarchiv: S. 29, 65, 66, 75, 121 / *9, 32*

REGISTER

Die geradestehenden Zahlen verweisen auf den Textteil, einschließlich der Textabbildungen, die kursiven auf Nummern im Bildteil.

ORTSREGISTER

PERSONENREGISTER